CCC 순모임 교재 : 크루닷컴1

CRU.COM 1

삶은 만남으로 시작한다

CRU.COMM 1 _만남

2007년 1월 1일 초판 1쇄 발행
2016년 3월 15일 개정판 1쇄 발행
2024년 2월 16일 개정판 13쇄 발행

지은이 : CCC MRD
펴낸곳 : 순출판사
편집디자인 : 정다운, 정지연
표지디자인 : 김혜령(VLM)
일러스트 : 정다운

등록번호 : 제 2020-000159호

주소 : 서울시 종로구 백석동 1가길 2-8
전화 : 02-722-6931~2 팩스 02-722-6933
홈페이지 : www.soonbook.co.kr

ISBN 978-89-389-0316-7

값 3,500원

삶은 만남으로 시작한다

발간사

지금 우리가 살고 있는 세상은 상상할 수 없을 만큼 빠르게 변하고 있습니다. 그리스의 변혁의 철학자 헤라클리투스(Heraclitus)는 "어느 누구도 같은 강물에 발을 두 번 담글 수 없다. 두 번째 발을 담글 때는 처음 물이 이미 흘러가버렸기 때문이다."라고 말했습니다. 이 말은 우리 시대의 크고 빠른 변화 속에서 더욱 의미심장하게 들립니다. 세상을 이끌어나가고 변화시켜야 할 사명을 가진 그리스도인들이 변화를 주도하고 세상을 이끌기보다는 도리어 세상의 빠른 변화를 따라가지 못해 허우적거리고 있는 것은 아닌가 하는 안타까움을 가집니다.

변화는 우리가 지금 하고 있는 모든 것을 돌아보고 평가하게 합니다. 하나님의 말씀은 영원불변하지만 말씀이 제시되는 방법은 시대와 문화와 사람들의 필요에 따라 변해야 합니다. 영원히 변치 않는 말씀이라도 시대에 맞는 새로운 옷을 입는 것이 필요합니다.

세상의 변화와 도전에 대응해 온 CCC는 이번에 성경 본문에 근거해 성경을 공부할 수 있는 새로운 순모임 교재를 만들었습니다. 이 성경공부 교재는 이전의 주제 중심의 교재와는 달리 신앙 성장의 주요 주제를 따라가지만 성경 본문을 중심으로 공부할 수 있도록 만들어 통합적 접근을 하고 있습니다. 또한 함께 공부하는 사람들이 서로 생각을 나누고 토의하고 배운 것을 각자의 삶에 적용하게 함으로 교수자 중심에서 학습자 중심으로 바뀌었습니다.

앨빈 토플러(Alvin Toffler)가 지적한 대로 지금은 "탈 대형화"

(Demassification)시대로 전환되고 있습니다. 이런 흐름이 교회에 어떻게 적용될지 예측하기는 어렵지만, 분명한 것은 모든 것이 첨단화되고 정보화되는 하이테크(High-Tech)시대에 사람 사는 냄새가 나고 마음과 마음이 통하며 나의 아픔과 기쁨을 함께 나누고 무거운 짐은 같이 들어주는 하이터치(High-Touch)의 소규모 모임들이 앞으로 더욱 발전하지 않을까 예상해봅니다.

사실, 교회와 선교단체 안에 이미 셀, 순, 속회, 목장, 구역, 다락방 등의 작은 모임들이 세포처럼 형성되어 있습니다. CCC에도 "순"이라는 소그룹이 전국 각 대학에 형성되어 있어 저희가 지향하는 영적 운동의 기초가 되고 있습니다. 이런 작은 모임들의 건강한 성장과 확산이 하나님 나라를 위한 영적 운동의 뿌리라면, 이 그룹들이 하나님의 말씀으로 무장하여 이 땅에 하나님 나라가 임하게 하는 일에 헌신하도록 도와주어야 합니다.

이 성경공부 교재를 사용하는 교회와 선교단체의 모든 소그룹들이 하나님의 말씀을 깊이 깨닫고 이를 각자의 삶에 적용할 뿐 아니라 서로 신뢰하고 사랑하며 삶과 사역을 함께 나누므로 지성과 영성은 물론 원만한 인격과 건강한 대인관계를 배우는 영적 훈련의 장이 되기를 소원합니다. 또한 소그룹에 참여한 사람들이 다른 사람들의 삶을 변화시키며 나아가 세상을 변화시키는 귀한 일군들이 되기를 소원합니다.

CCC 대표
박성민 목사

CRU.COMM
개정판

Cru.Comm(크루닷컴)은 미국 CCC의 학원 사역팀에서 개발한 청년 소그룹 성경공부 교재이다. 이 교재는 대학생들이 캠퍼스 생활을 하는 4년 동안 기본적으로 배우고 알아야 할 신앙의 영역들을 정리하고, 그 영역과 관련된 주제을 다루는 성경을 선택했다. 주제와 함께 성경 본문의 내용을 충실히 공부할 수 있도록 구성함으로 주제와 본문 중심의 통합적 성경연구 교재이다.

한국 CCC는 이 교재를 전도, 육성, 파송의 단계별로『예수님과의 만남』, 『예수님과의 동행』,『예수님께의 헌신』,『예수님을 섬김』의 4권으로 구성해 2007년 시험판, 2008년 초판을 발행하여 사용해 왔다. 이번 2016년 개정판은 한국 대학생들의 변화된 상황을 고려해 더 쉽고 간결하게 본문과 주제를 다룰 수 있도록 보강하여『삶은 만남으로 시작한다』,『삶은 동행으로 힘을 얻는다』,『삶은 헌신으로 성숙해진다』,『삶은 섬김으로 풍성해진다』는 제목으로 발행하게 되었다.

Cru.Comm은 CCC 내의 소그룹 모임(순모임)은 물론 교회나 선교단체, 각종 기독교 동아리 등의 청년 대학생 성경공부 모임에 유용하게 사용할 수 있다. 이 교재는 청년들이 말씀을 통한 신앙의 성숙은 물론 실제 삶 속에서 주님의 제자로 살아갈 수 있도록 도울 것이다.

Cru.Comm : Crusade Communities의 줄임말이다.

CRU.COMM 교재의 장점

1. 성경 한 권 전체를 조망해서 특정 주제를 공부함으로 그 주제는 물론 성경을 입체적이고 종합적으로 이해할 수 있다.
2. 각 과의 내용은 참여자들의 생각과 의견을 충분히 반영할 수 있는 열린 질문을 통해 학습자 중심으로 성경을 공부하게 한다.
3. 성경 공부에서 배운 원리들을 삶에서 실천할 수 있도록 적용 질문과 "Movements Everywhere"를 두어 구체적인 삶의 변화가 일어나게 한다.
4. 각 과의 아티클은 그 과의 주제를 더 깊이 깨닫고 관련된 영역의 지식을 깊게 한다.
5. 하나님의 말씀을 삶의 근간으로 하는 성령 충만한 청년 대학생을 키워냄으로 캠퍼스와 직장에서 영적 운동을 일으키며 지상명령 성취를 돕는다.

CRU.COMM 단계별 소개

만남

그리스도를 만난 사람이 구원의 확신을 가진 후, 그리스도인의 성장에 필요한 기본 영역들을 배우고 훈련한다.

동행

지속적으로 하나님과 동행하며 제자로서 성장하기 위해 필요한 자질을 배우고, 다른 사람들에게 자신의 신앙을 전하며 제자들을 육성한다.

헌신

공동체의 리더로서 필요한 자질을 배우며 성경 속에 나타난 하나님의 구속 계획을 이해하여 구속 역사 속에서 자신의 역할이 무엇인지 깨닫고 헌신한다.

섬김

그리스도의 제자로 세상에 파송되어 자신의 전문 영역 속에서 세상을 변화시키는 일에 헌신함으로 지속적으로 지상명령 성취를 돕는다.

| 목차 |

요한복음 개관

배경

요한복음은 사도 요한이 A.D. 85~95년경에 에베소에서 기록하였다. 요한복음의 일차적인 수신인은 소아시아(현 터키) 교회의 성도들이었다. 당시 소아시아 교회들에는 유대인 출신 성도들도 있었고 이방인 출신 성도들도 있었다. 이 두 부류의 성도들은 각기 다른 문제에 직면해 있었다. 유대인 출신 성도들에게는 '구약과 예수님과의 연관성'과 같은 유대교적 배경과 관련된 문제가 있었고, 이방인 출신 성도들에게는 영지주의자들로 인해 예수님의 신성('예수님이 하나님이신가')과 인성('하나님이 완전한 사람이 되셨는가')에 대한 도전이 있었다.

기록목적

요한복음의 기록목적은 20:31에서 "오직 이것을 기록함은 너희로 예수께서 하나님의 아들 그리스도이심을 믿게 하려 함이요 또 너희로 믿고 그 이름을 힘입어 생명을 얻게 하려 함이니라"고 분명하게 밝히고 있다.

그러므로 요한은 예수께서 행하신 많은 표적이 있지만 예수께서 영생을 주시는 하나님의 아들 그리스도이심을 분명히 드러내는 사건을 선별하여 소개한다. 요한은 예수께서 구약에 약속된 메시아이고, 인류를 구원하시기 위해 성육신(하나님이신 예수께서 인간이 되신 것)하신 완전한 하나님이자 완전한 사람임을 강조한다.

핵심 주제 | 요한복음의 주제는 예수님이 하나님의 아들이며 약속된 메시아라는 것과 사람들이 예수님을 믿음으로 영원한 생명을 얻을 수 있다는 것이다. 요한은 예수님이 하나님이신 것에 대한 증거와 증언을 기록하고 있다.

주제 : 예수님은 하나님이시다.		
증거	전능	물을 포도주로 바꾸심(2:1~11), 병자들을 고치심(4:46~54; 5:1~9; 9:1~7), 오병이어(6:1~16), 물위를 걸으심(6:16~21), 죽은 자를 살리심(11:1~44) 등
	전지	예수님은 미래의 일(6:63; 8:28; 13:38; 18:4), 사람의 마음(1:47~48; 2:24~25), 하나님의 시간(13:3) 등을 아심
증언	하나님	성부의 증언(5:36~37; 12:28), 성령의 증언(1:32~33; 15:26)
	예수님	신적 선언(나는 ~이다) : 생명의 떡(6:35), 세상의 빛(8:12), 양의 문(10:7), 선한 목자(10:11), 부활과 생명(11:25), 길과 진리와 생명(14:6), 참 포도나무(15:1)
	사람	세례 요한(1:19~34; 3:31~35), 예수님을 만난 사람들(9:31~33; 10:41~42; 11:29), 제자들의 증언(6:69; 16:30; 20:28)

구조

I. 서론(1:1~18)

II. 대중을 향한 사역(1:19~12:50)

III. 열두 제자를 향한 사역(13:1~17:26)

IV. 예수님의 수난(18:1~20:9)

V. 예수님의 부활(20:10~21:25)

공관복음과 요한복음의 비교

예수 그리스도의 생애를 기록하고 있는 사복음서는 예수님을 묘사한 관점이 각각 다르다. 마태, 마가, 누가복음은 예수님의 생애에 대한 공통된 내용을 많이 가지고 있기 때문에 '공관복음'(Synoptic Gospel)이라고 한다. 반면 요한복음은 공관복음에는 없는 독특한 기록이 많이 있으며 특히 예수님의 신성에 대해 강조하고 있다.

	마태복음	마가복음	누가복음	요한복음
대상	유대인	로마인(이방인)	헬라인(이방인)	모든 사람
예수님에 대한 시각	유대인의 왕, 메시아	순종과 섬김의 종	사람의 아들	성육신 하신 하나님의 아들
복음서의 시작	예수님의 족보와 탄생	예수님이 하나님 나라를 전파하심	세례요한과 예수님의 탄생	태초, 즉 창조 이전부터

BUILDING
SPIRITUAL
MOVEMENTS
EVERYWHERE

01

하나님이신 예수 그리스도

(요한복음 1:1~18)

예수 그리스도가 하나님이시라는 것이
기독교 신앙의 핵심이다.
이 과에서는 예수 그리스도가
하나님이시라는 사실을 믿고
그를 영접함으로 하나님의 자녀가
된다는 것을 배우게 된다.

도입 | 본문을 읽고 관찰한 것을 나눠보자.

하나님이신 예수님

1. 1~3절은 예수님을 어떤 분이라고 하는가?

2. 예수님 안에 있는 생명이 사람들의 빛이라는 것은 무슨 의미일까? (4~5절)

3. 인간을 구원하시기 위해 세상에 빛으로 오신 예수님에 대한 사람들의 반응은 어떠했는가? (5, 10~11절; 참고 3:19~20)

4. 예수님에 대해 세례 요한은 무엇을 증언하는가? (6~8, 15절; 참고 19~34절)

세례 요한

선지자 이사야는 메시아(구원자)가 오시기 전에 광야에서 외치는 자의 소리가 있어서 그가 여호와의 길을 예비할 것이라고 예언했다(사 40:3~5). 또한 선지자 말라기도 여호와가 임하시기 전에 여호와의 사자가 그의 길을 준비할 것이라고 예언했다(말 3:1). 고대에는 왕의 행차가 있기 전에 '왕이 오신다'고 외침으로 그 길을 준비하는 사람들이 있었다. 본문은 세례 요한이 바로 구약에서 예언했던 메시아의 길을 준비하는 '외치는 자의 소리', '여호와의 사자'라고 소개한다. 그런 요한이 예수님을 하나님의 아들 메시아라고 증언한다.

사람이 되신 예수님

5. 혈통으로나 육정으로나 사람의 뜻으로 하나님의 자녀가 되지 못한다. 어떻게 하나님의 자녀가 될 수 있는가? (12~13절; 참고 엡 2:8~9)

6. 하나님이 성육신하셔서 우리에게 어떤 일이 일어났는가? (14~18절)

개미 구하기

하나님께서 사람을 구원하시기 위해 친히 사람이 되어 세상에 오셨다는 것을 믿지 못하는 사람이 있었다. 어느 날 그가 산책하다가 커다란 개미집을 보았다. 개미집 주위에는 수많은 개미들이 있었다. 그런데 저 앞쪽에서 트랙터가 땅을 갈며 오고 있는 것이 아닌가! 그는 그 개미들이 불쌍하다는 생각이 들어 위험을 알려주고 싶었다. 하지만 큰 소리로 외쳐도 개미들은 전혀 알아듣지 못할 것이고, 땅 위에 글자로 써줘도 읽을 수가 없다. 그는 어떻게 도와줄 수 있을까를 생각하다가 결국 자신이 개미가 되어 알려주는 수밖에 없다는 것을 깨달았다. 이 사건을 통해 그는 하나님께서 죽음에 직면한 사람들을 구원하시려고 사람이 되셔서 세상에 오셨다는 것을 믿게 되었다.

적용 | 하나님이신 예수님이 우리를 위해 이 땅에 오셨다. 그것은 우리를 향한 하나님의 사랑의 표현이다. 이것을 통해 당신이 배우고 적용할 수 있는 것은 무엇인가?

결론 | 예수님은 세상이 만들어지기 전부터 존재하신 하나님이시다. 예수님은 죄 때문에 하나님과의 관계가 끊어져 영적으로 죽어버린 사람들에게 생명의 빛을 비춰주셨다. 우리는 생명의 빛이신 예수 그리스도를 영접함으로 하나님의 자녀가 될 수 있다.

Movements Everywhere

#1_태신자 정하기

태신자에 대해 나누기 # 태신자를 위해 기도하기

우리는 순장을 '영혼의 수태자'라고 부르는데 이는 '태신자'를 품고 기도하며 해산의 고통을 감당한다는 의미이다. 태신자란 어머니가 아이를 배 속에 잉태하고 있는 것처럼 순장이 구원을 목적으로 마음에 품고 기도하는 대상을 이르는 말이다. 태신자라는 용어는 한국 CCC의 창설자 고(故)김준곤 목사님이 처음 사용하셨다.

Article

01

맹목적 신앙을 넘어서

폴 리틀(Paul E. Little)

하나님께서 우리에게 그분 자신에 대해 알려주시지 않는다면 우리는 하나님이 계시는지 또 그분이 어떤 분인지 확실하게 아는 것은 불가능하다. 우리는 그분이 어떤 분이며 우리를 어떻게 대하시는지 알아야 한다. 하나님이 존재하시지만 그분이 아돌프 히틀러(Adolf Hitler)같이 변덕스럽고 사악하며 편견이 가득하고 잔인한 분이라고 가정해 보자. 그것은 얼마나 끔찍한 일인가! 자신을 알려주신 하나님의 계시에 대한 실마리를 찾으려면 역사를 살펴보아야 한다. 한 가지 확실한 실마리는 약 2,000년 전 팔레스타인의 어느 누추한 마을에 한 아기가 구유에 태어난 것이다. 오늘날까지 전 세계가 예수님의 탄생을 축하하고 있다. 그는 무명으로 살다가 약 30세에 공생애를 시작해 3년간 사역을 했다. 그의 삶과 사역은 역사의 흐름을 바꾸어 놓았다. 그는 마음이 온유한 사람이었고 그의 가르침은 당시의 서기관들과는 달리 권위가 있었으며 사람들은 그의 가르침을 흔쾌히 받아들였다고 전해진다(마 7:29).

예수님은 자신이 하나님의 아들이라고 말씀하셨다.

그의 가르침이 당시 서기관들과 다른 것을 뛰어넘어 예수님은 자신에 대해 아주 충격적이고 놀라운 진술을 했다. 그는 자신이 훌륭한 선지자나 선생이 아니라 하나님이라고 분명하게 말했다. 그는 자신의 정체를 가르침의 핵심 초점으로 삼았다. 그는 그를 따르는 자들에게 "너희는 나를 누구라 하느냐?"고 물었다. 베드로가 "주는 그리스도시요 살아 계신 하나님의 아들이시니이다"라고 대답했다(마 16:15~18). 예수님은 그 말에 충격을 받으시거나 베드로를 꾸짖지 않으셨다. 도리어 그를 칭찬하셨다! 그는 분명하게 자신의 신성을 주장했고 그의 말을 들은 사람들은 다 큰 충격을 받았다. 성경은 "유대인들이 이로 말미암아 더욱 예수를 죽이고자 하니 이는 안식일을 범할 뿐만 아니라 하나님을 자기의 친아버지라 하여 자기를 하나님과 동등으로 삼았기 때문이라"고 말한다(요 5:18). 다른 곳에서 예수님은 "나와 아버지는 하나다"라고 말씀하셨다. 유대인들은 즉각적으로 돌을 던져 그를 죽이려 했다. 예수님은 자신이 선한 일을 했는데 그 중 어떤 일로 자신을 죽이려고 하느냐고 물었다. 그들은 "선한 일로 말미암아 우리가 너를 돌로 치려는 것이 아니라 신성모독으로 인함이니 네가 사람이 되어 자칭 하나님이라 함이로라."고 대답했다(요 10:33). 예수님은 오직 하나님만 가지고 계신 신성을 주장하셨다.

사람들이 예수님이 치료해 주실 것을 바라고 지붕을 뚫고 중풍병자를 침상 채 예수님께 데려왔을 때 예수님이 중풍병자에게 "네 죄가 용서 되었다"라고 말씀하셨다. 종교 지도자들은 이 말을 듣고 속으로 "아니 이 사람이 어떻게 감히 저런 말을 하는가? 하나님 외에 누가 인간의 죄를 용서해 줄 수 있단 말인가? 신성 모독이 아닌가!"라고 말하면서 그를 죽이려는 생각을 가지게 되었다(마 9:1~8; 막 2:1~12). 유대인들에게 붙잡혀 죽임을 당하기 전에 대제사장이 단도직입적으로 "네가 하나님의 아들 그리스도냐?"라고 질

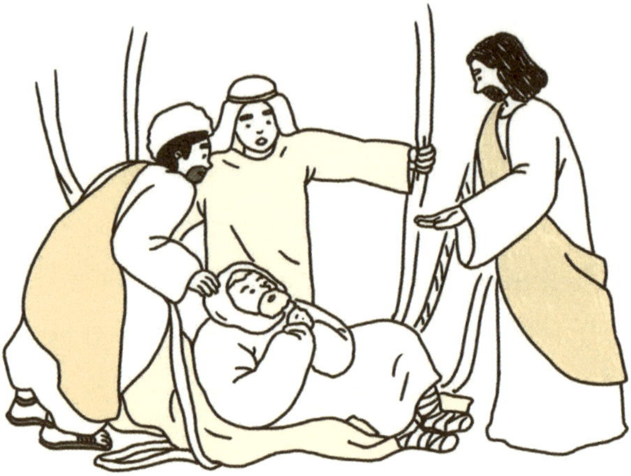

문하자 목숨이 경각에 달린 절체절명의 순간에 예수님은 "내가 그니라 너희는 인자가 하나님 우편에 앉는 것과 하늘의 구름을 타고 오는 것을 보리라." 고 대답하셨다(막 14:61~62). 그는 하나님과 자신이 긴밀하게 연합되어 있어서 사람이 자신에 대해 갖는 태도가 곧 그 사람이 하나님에 대해 갖는 태도와 동일하다고 말씀하셨다. 즉, 예수님을 아는 것은 하나님을 아는 것이며(요 8:19; 14:7) 그를 보는 것은 하나님을 보는 것이다(요 12:45; 14:9). 그를 믿는 것은 하나님을 믿는 것이며(요 12:44; 14:1) 그를 영접하는 것은 하나님을 영접하는 것이다(막 9:37). 그를 미워하는 것은 하나님을 미워하는 것이며(요 15:23) 그를 영화롭게 하는 것은 하나님을 영화롭게 하는 것이다(요 5:23).

네 가지 가능성 밖에 없다

자신이 하나님이라는 그리스도의 주장에 대해 우리는 네 가지로 결론을 내릴 수 있다. 그가 거짓말쟁이든지, 정신병자든지, 전설이든지 아니면 사실이든지 그 중 하나다. 만일 우리가 그의 말이 사실이 아니라고 한다면, 우리가 인정하든 안 하든 우리는 자동적으로 나머지 세 가지 중 하나를 주장하는 것이 된다.

(1) 자신이 하나님이라고 말했을 때 예수님이 거짓말을 했다는 주장이다. 자신이 하나님이 아니라는 것을 알면서도 의도적으로 하나님이라고 거짓말을 하고 속였다는 것이다. 이런 주장을 받아들이는 사람은 거의 없다. 그의 신성을 부인하는 사람들조차도 그가 위대한 도덕교사라는 것은 인정한다. 그러나 그들은 이 두 진술이 서로 모순된다는 것을 깨닫지 못한다. 만일 예수님이 자신의 가르침의 핵심인 그의 신분(정체성)에 대해 의도적으로 거짓말을 했다면, 그는 절대로 위대한 도덕교사가 될 수 없을 것이다.

(2) 자신이 하나님이라고 했을 때 그가 거짓말을 한 것이 아니라 자신을 실제로 하나님이라고 믿었다는 것이다. 오늘날 우리는 자신이 하나님이라고 생각하고 주장하는 사람들을 종종 본다. 우리는 그런 사람들을 정신병자라고 부른다. 그러나 예수 그리스도의 생애를 살펴보면 정신이상자들에게서 볼 수 있는 비정상적인 모습이나 불균형과 불안정을 찾아 볼 수 없다. 도리어 엄청난 억압 속에서도 그분이 얼마나 침착하고 안정되고 평안을 유지하는지를 보게 된다.

(3) 자신이 하나님이라는 그의 주장은 그를 열렬히 따르던 추종자들이 3, 4세기경에 만들어 퍼뜨린 전설이라는 것이다. 만일 예수님이 재림하신다면 이 주장은 즉시 철폐될 것이다. 오늘날 많은 고고학적 발굴에 의해 '전설이론'은 거의 대부분 오류로 증명되었다. 많은 고고학적 발굴이 그리스도에 대한 사복음서가 그리스도가 살았던 그 시대 사람들에 의해 쓰여졌다는 사실을 밝혀주었다. 존스홉킨스 대학에서 가르쳤던 세계적인 고고학자 윌리엄 올브라이트(William F. Albright)는 사복음서들 중 어느 것도 주후 70년 이후에 기록되었다고 주장할 수 있는 근거가 없다고 말했다. 사실적 토

대가 전혀 없는 그리스도에 대한 전설이 복음서라는 형태로 기록되어 그렇게 널리 읽히고 영향을 끼쳤다는 것은 도무지 믿을 수 없는 일이다. 만일 추종자들이 만들어낸 전설이라면, 우리 시대에 누군가 존 F. 케네디(John F. Kennedy)에 대한 전기를 썼는데 그 전기에서 그가 하나님이라고 주장하며 사람들의 죄를 용서해 주었고 죽은 후 부활했다고 주장하는 것만큼이나 허무맹랑한 것이 될 것이다. 그런 주장은 절대로 뿌리를 내릴 수 없다. 왜냐하면 아직도 케네디 대통령을 알고 있던 사람들이 많이 살아있기 때문이다. 전설 이론은 복음서들이 기록된 시기가 아주 이르다는 점에서 볼 때 전혀 받아들일 수 없는 주장이다.

(4) 남아있는 유일한 가능성은 예수님이 진실을 말씀하셨다는 것이다. 그러나 어떤 관점에서 보면 '주장한다'는 것은 그다지 중요한 것이 아니다. 주장하는 것은 어렵지 않고 누구나 할 수 있다. 자신이 하나님이라고 주장한 사람들도 꽤 있었다. 나도 하나님이라 주장할 수 있다. 그러나 우리 모두가 반드시 대답해야 할 질문은 "자신의 주장을 믿게 하기 위해 과연 어떤 증거를 제시할 수 있을까?"이다. 내가 그런 주장을 했다면 내 주장의 허구성을 밝히는 데는 채 5분도 걸리지 않을 것이다. 당신이 주장한다 해도 채 10분도 안 돼서 그 주장의 허구성이 밝혀질 것이다. 그러나 나사렛 예수의 경우에는 그의 주장을 허구라고 밝힐 수 없다. 그는 자신의 주장을 뒷받침할 수 있는 증거를 가지고 있다. 그는 "내가 행하거든 나를 믿지 아니할지라도 그 일은 믿으라 그러면 너희가 아버지께서 내 안에 계시고 내가 아버지 안에 있음을 깨달아 알리라"고 말씀하셨다(요 10:38).

예수님이 보이신 증거는 무엇인가?

첫째, 그의 도덕적 성품이 그의 주장과 일치한다. 종종 자신이 신적 존재라고 주장하는 사람들이 있는데, 그들의 주장은 그들의 인격에 의해 거짓이라는 것이 곧 드러난다. 그러나 예수 그리스도는 다르다. 그는 죄가 없으셨다. 그는 자신을 대적하는 사람들에게 "너희 중에 어느 누가 나에게 죄가 있다고 증명할 수 있느냐?"라고 질문하셨다(요 8:46). 그의 인격적 결함을 찾아내고 싶어 안달하는 사람들에게 이 질문을 하셨지만 그들은 한 마디도 대답하지 못했다. 그의 생애는 너무나 탁월했고 유일하다. 우리는 예수님이 시험을 받으셨다는 이야기는 들었지만 그가 자신의 죄를 고백했다는 이야기는 듣지 못했다. 그는 자기를 따르는 자들에게는 용서를 받으라고 말씀하셨지만 한 번도 용서해 달라고 말씀하신 적은 없었다.

예수님이 도덕적 결함의식을 갖고 있지 않았고, 이것이 모든 시대의 성자들이나 신비주의자들의 경험과는 완전히 상반된다는 것을 볼 때 놀라운 일이 아닐 수 없다. 사람이 환한 빛으로 나아가면 자신의 더러움을 보게 되고 이를 씻어야 한다는 것을 깨닫게 되는 것처럼 사람이 하나님께 가까이 갈수록 자신의 잘못과 부패와 허물에 더욱 압도당하게 된다. 이것은 도덕적 영역에서 누구에게나 마찬가지다. 또한 어린 시절부터 누구에게나 죄가 있다는 죄의 보편성에 대한 가르침을 받아온 요한, 베드로, 바울 등 모두가 그리스도께서 죄가 없으셨다고 말하고 있는 것도 충격적인 사실이다. 베드로는 '그는 죄를 범하지 않으셨고 그 입에 아무런 거짓도 없으셨다.'고 말한다(벧전 2:22). 예수님에게 사형선고를 내렸던 빌라도도 "그가 무슨 악을 행했단 말인가?"라고 말했다(마 27:23; 눅 23:22). 그의 말은 그리스도의 무죄성을 시사하고 있다. 그리스도의 죽음을 목격했던 로마 백부장도 '그는 진실로 하나님의 아들이었다'고 증언했다(마 27:54).

둘째, 그리스도는 자연을 다스리는 힘을 나타내 보이셨는데 그런 힘의 원천은 하나님이시고 하나님께만 속한 것이었다. 그는 갈릴리 바다의 폭풍우와 파도를 잠잠케 하셨다. 이런 기적을 행하심으로써 배 안에 타고 있던 사람들이 두려워하며 충격에 휩싸여 "저가 뉘기에 바람과 바다라도 순종하는가?"(막 4:41)라는 질문을 했다. 그는 물을 포도주로 만드셨고, 오병이어로 5000명을 먹이셨으며, 슬퍼하는 과부에게 죽은 아들을 부활시켜 되돌려 주셨고, 마음이 갈갈이 찢어진 아버지의 딸을 다시 살려 주셨다. 자신의 오랜 친구에게 "나사로야 나오너라."라고 말씀하심으로써 죽은 지 나흘이 지난 나사로를 죽음에서 살려내셨다. 그를 대적하는 자들조차 이런 기적을 부인하지 않았다는 것이 정말 중요하다. 그들은 "만일 그를 이대로 두면 모든 사람이 그를 믿을 것"이라고 생각되어 그를 죽이려 했다(요 11:48).

셋째, 예수님은 아픔과 질병을 고치심으로 창조주의 능력을 보이셨다. 그는 절름발이를 걷게 했고 벙어리를 말하게 했으며 눈먼 자를 보게 했다. 그분은 살면서 생긴 질병이나 사고나 심리적 갈등과 문제가 신체의 병으로 나타나는 것 외에 선천적인 질병들도 고쳐주셨다. 그 가운데 가장 두드러진 것은 요한복음 9장에 기록된 맹인의 경우다. 예수님이 안식일에 맹인의 눈을 뜨게 하여 안식일을 지키지 않은 죄인이라고 비난하는 바리새인들에게 눈을 뜬 맹인은 '그가 죄인인지 모르겠지만 내가 한 가지 아는 것은 내가 맹인이었다가 지금은 보는 것'이라고 소리쳤다(요 9:25). 그는 자신의 눈을 뜨게 한 예수 그리스도가 하나님의 아들이라는 증거가 너무도 명백해서 사람들이 이 사실을 모르는 것에 대해 놀라고 있다.

넷째, 자신의 주장이 진실이라는 것을 보여주는 예수님의 최고의 증거는 그가 죽음에서 부활한 것이다. 그는 살아 있는 동안에 다섯 번 자신의 죽음을 예언했다. 자신이 어떻게 죽을 것인지를 예언했고 사흘이 지나면 죽음에서 살아나 제자들에게 나타날 것이라고 예언했다. 분명히 이것은 가장 큰 시금석이다. 사실 이것은 검증하기 쉬운 주장이다. 실제로 그런 일이 일어났든지 안 일어났든지 둘 중 하나이기 때문이다. 기독교 신앙을 변호하는 사람이든 반대하는 사람이든 모두 그리스도의 부활이 신앙의 초석이라는 점을 인정한다.

사도 바울은 이렇게 쓰고 있다. "그리스도께서 만일 다시 살지 못하셨으면 우리의 전파하는 것도 헛것이요 또 너희 믿음도 헛것이다"(고전 15:14). 바울은 자신의 모든 것을 그리스도의 부활에 걸었다. 그리스도가 죽음에서 부활했든지 부활하지 않았든지 둘 중 하나다. 만일 그가 부활했다면 인류 역사상 가장 놀라운 사건이 될 것이다. 만일 그리스도께서 부활하셨다면 우리는 확실히 하나님이 계신다는 것과 그분이 어떤 분이라는 것, 그리고 어떻게 개인적으로 그분을 만나고 경험할 수 있는지 등을 알게 된다. 우주는 의미를 띄게 되고 목적을 갖게 되며 우리 시대에 살아계신 하나님을 체험하는 것이 가능하게 되는 것이다.

기독교 신앙의 두 기둥인 죽음과 부활

만일 그리스도께서 죽음에서 살아나지 않았다면, 기독교는 아무런 타당성도 객관성도 없게 되고 박물관에 있는 흥미로운 전시품이 되었을 것이다. 그리고 찬송을 부르며 사자 굴에 들어가 순교한 사람들, 복음을 전하기 위하여 에콰도르나 콩고로 간 이 시대의 선교사들은 모두 사기를 당한 바보들이 될 것이다. 부활 사건이야말로 기독교의 존립에 관한 가장 중요한 사건이기 때문에 기독교에 대한 반대자들의 공격은 대부분 이 부활에 집중되어 있다.

1930년대 영국의 젊은 변호사 프랭크 모리슨(Frank Morison)은 기독교를 반대했고 부활은 단순히 꾸며낸 이야기이며 환상에 불과하다고 확신했다. 부활이 기독교 신앙의 토대라는 것을 파악한 그는 단번에 이 사기극과

미신을 온 세상에 폭로하리라고 마음먹었다. 변호사였던 그는 아주 치밀하게 증거를 조사하고 법정의 엄격한 기준에 맞지 않는 것은 전혀 증거로 받아들이지 않는 특성을 가지고 있었다. 그러나 그가 조사를 하던 중에 놀라운 일이 일어났다. 부활이 거짓이요 사기라는 것을 단번에 폭로하겠다는 그의 계획은 자신이 생각했던 것만큼 그렇게 간단하게 해결되지 않았다. 그 결과 그는 『누가 그 돌을 옮겼는가?』라는 자신의 책 제1장에 "쓰여지기를 거부했던 책"이라는 제목을 붙였다. 그 책에서 그는 그 증거들을 조사하면서 어떻게 자신의 의지에 반하여 그리스도의 육체적 부활을 확신하게 되었는지를 설명하고 있다.

예수님이 부활하셨고 그의 삶과 주장이 모두 사실이라면 그는 오늘도 살아계신다. 그는 경배 받는 것 이상을 원하신다. 그는 자신을 알리시고 우리 삶 속에 들어오기를 원하신다. 예수님은 "볼지어다 내가 문 밖에 서서 두드리노니 누구든지 내 음성을 듣고 문을 열면 내가 그에게로 들어가 그로 더불어 먹고 그는 나로 더불어 먹으리라"고 말씀하셨다(계 3:20). 구스타프 융(Gustav Jung)은 "우리 시대의 핵심 정신 상태는 공허다"라고 말했다. 우리는 삶의 의미와 깊이를 가지려는 간절한 갈망을 갖고 있다. 예수님은 "내가 온 것은 양으로 생명을 얻게 하고 더 풍성히 얻게 하려 함이라"고 말씀하셨다(요 10:10). 예수님은 의미 있고 풍성한 삶을 약속하셨고 이런 삶은 예수님과의 관계를 통해서 온다. 지금 예수 그리스도를 당신의 삶에 초청할 수 있다. 이렇게 기도할 수 있다. "예수님, 내 죄를 위해 십자가에서 죽으심을 감사합니다. 저를 용서해주시고 제 삶에 들어오시기를 초청합니다. 주님과 관계를 맺게 하심을 감사합니다. 예수님의 이름으로 기도합니다."

02

예수님을 찾아온 니고데모

: 구원이 필요 없을 만큼 선한 사람은 없다

(요한복음 3:1~18)

사람은 거듭남으로 하나님 나라에 들어갈 수 있다. 이 과에서는 예수님과 니고데모의 대화를 통해 사람은 예수 그리스도를 믿음으로써만 거듭날 수 있다는 것을 배우게 된다.

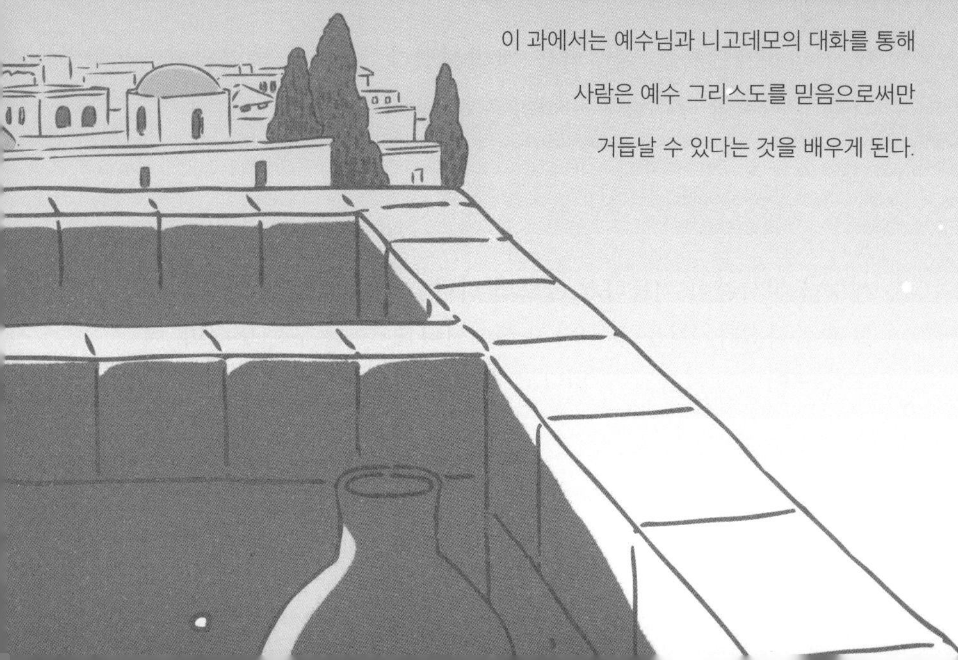

도입 | 본문을 읽고 관찰한 것을 나눠보자.

바리새인

바리새인은 '분리된 자'라는 의미로 당시 헬라문화에 동화되지 않고 하나님의 백성으로서의 정체성을 지키려 했던 유대의 종교 지도자였다. 그들은 율법을 철저하게 지키기 위해서 각 율법에 세부 조항을 만들었고, 후에 이것이 '장로들의 전통'이 되었다(마 15:2). 그러나 처음 의도와는 달리 점차 장로들의 전통을 하나님의 말씀과 거의 동등하게 여겼다.

그들은 일주일에 이틀을 금식했고 음식에 넣는 향료에도 십일조를 적용할 만큼 철저하게 율법을 지켰지만 율법의 본래 의도와 정신은 잃어버린 채 형식에만 치우쳤다(눅 11:24; 12:12). 그들은 스스로 의롭다고 생각했고 하나님보다 사람들의 시선을 더 의식했으며 마음 속에 가득한 자만과 위선으로 다른 사람을 정죄했다. 그로 인해 예수님은 바리새인들을 책망했고, 바리새인들은 자신들을 비판하는 예수님을 정죄하고 죽이려고 했다.

거듭나야 할 필요성

1. 당시 바리새인들은 예수님을 적대시했다. 그런데 바리새인인 니고데모는 왜 예수님을 찾아갔을까? (1~3절)

2. 예수님은 사람이 거듭나지 않으면 하나님 나라에 들어갈 수 없다고 말씀하셨다. '거듭난다'(다시 태어난다)는 것은 무슨 뜻이며, 예수님은 어떻게 거듭날 수 있다고 말씀하시는가? (3~8절)

요한복음 3:5에서 예수님은 '물과 성령으로 나지 아니하면 하나님의 나라에 들어갈 수 없다'고 말씀하신다. 구약의 선지자 요엘은 '하나님의 영'이 모든 사람에게 임할 것을 내다보았다. 또한 에스겔 36:24~27에서 하나님은 이스라엘 백성에게 '맑은 물'을 뿌려서 모든 우상 숭배와 더러운 것으로부터 정결하게 하고, '하나님의 영'을 그들 안에 두어서 하나님의 율례를 행하게 할 것이라고 약속하셨다. 그러므로 '물과 성령으로 난다'는 것은 예수님의 십자가의 죽으심을 통해 죄를 용서받아 깨끗하게 되고, 성령으로 새로운 생명을 얻게 되는 것을 말한다.

3. 예수님은 도덕적이고 율법적인 삶을 살았던 니고데모에게 거듭나지 않으면 하나님 나라에 들어갈 수 없다고 하셨다. 오늘날에도 자기 자신의 노력으로 구원받을 수 있다고 생각하는 사람들이 있다. 당신은 이런 사람에게 어떤 말을 해 주겠는가?

거듭나는 방법

4. 예수님을 믿지 않으면 이미 심판을 받은 것이라고 말한다. 이것은 무슨 의미인가? (17~18절)

5. 우리가 구원을 얻도록 하나님과 예수님이 치르신 대가는 무엇인가? (14~16절)

요한복음 3:14~15은 민수기 21:4~9를 배경으로 한다. 출애굽한 이스라엘 백성들은 광야에서 하나님을 신뢰하지 못하고 불평했다. 이로 인해 하나님은 독사를 보내셨고, 그 결과로 많은 백성이 죽었다. 하나님은 모세를 통해 구리 뱀을 장대에 매달았고 이를 바라보기만 하면 치료가 되게 하셨다. 예수님은 자신의 십자가의 죽음을 장대에 들린 구리 뱀에 비유하여 설명하셨다. 누구든지 십자가에 달리신 예수님을 믿기만 하면 영생을 얻게 된다.

6. 영생을 얻기 위해 우리가 해야 하는 것은 무엇인가? (15~16절)

적용 | 당신은 거듭났는가? 거듭남으로 무엇이 변했는가?

결론 | 예수님은 니고데모 뿐만 아니라 우리 모두에게 반드시 거듭나야 한다고 말씀하신다. 어느 누구도 자신의 힘으로 하나님 나라에 들어갈 수 없다. 오직 예수님을 믿음으로 거듭나야 하나님 나라에 들어갈 수 있다.

Movements Everywhere

#2_태신자와 친해지기

태신자와 밥 먹기
태신자에게 연락하기

Article

02

거듭남의 과정

(요한복음 3:1~12)

김준곤 목사

(1977년 3월 27일 주일 채플 설교에서 발췌)

그리스도인이 거듭날 때 목마름의 단계, 하나님 의식의 단계, 죄의식의 단계, 예수님과의 만남의 단계, 회개의 단계, 신앙의 단계를 거쳐 거듭나게 된다. 각각의 단계를 살펴보자.

첫째, 목마름의 단계이다.

시편 기자는 '목마른 사슴이 시냇물을 사모함 같이 내 영혼이 주를 사모합니다.'라고 말했다(시 42:1). 인간 영혼의 가장 깊은 갈증은 하나님을 찾는 목마름이다. 인간 정서의 가장 기본이 되는 고독의 원천은 이성에 대한 그리움이다. 이것은 하나님에 대한 그리움의 그림자라고 말할 수 있다. 인간의 고독은 하나님과의 교제가 끊어지는 것에서 생기는 병이다. 이 병은 다른 무엇으로도 고칠 수 없는 불치의 목마름이다. 파스칼(Pascal)은 이것을 '하나님이 만든 마음의 빈 공백'이라고 말했다. 어거스틴(Augustine)은 "내가 주 안에서 쉴 때까지 나에게 평안이 없었다."고 고백한 적이 있다. 시인들은 혼히 절대 고독이라는 말을 쓴다. 이 절대 고독은 알 수 없는 대상에 대한 그리움을 나타낸 것이다. 인간들이 전쟁을 하고 섹스에 집착하고 권력과 돈벌이에 혈안이 되는 광기 문화를 형성하는 배후에는 역시 하나님에 대한 그리움이 도사리고 있다. 하나님께서는 끊임없이 위와 같은 것을 통해 사람의 무의식을 추적하고 계신다. 인간은 도망 다니다가 막다른 골목에 이르면 결국 하나님을 찾게 된다. 이것이 목마름의 예이다. 목마름의 표면적인 동기는 여러 가지가 있겠지만, 마음 깊은 곳에서의 하나님을 향하는 그리움과 목마름은 누구에게나 똑같다.

둘째, 하나님을 의식하는 단계이다.

물론 기독교의 하나님만을 이야기하는 것은 아니다. 철학적인 방황과 종교적인 방황과는 차이가 있다고 생각한다. 종교적인 방황에는 하나님을 찾아보려는 단계가 있다. "사람은 어디서 와서 어디로 가는가? 황금빛 나는 별 저 편에는 누가 사는가? 무엇이 있는가?"라는 유명한 하이네(Heine)의 시가 있다. 나는 이것을 시인의 기도라고 생각한다. '나의 신이여, 나는 어디서 와서 어디로 갑니까. 나의 하나님이여, 나는 왜 살아야합니까?'하고 마음 속 깊이 목마른 사슴이 시냇물을 사모하는 것처럼 신의 문을 두드리고 있는 것이 아닌가 생각한다. 절대무신론자는 이 지상에 한 사람도 없다. 표면상으로는 무신론을 직업으로 삼는 사람도 있지만 뒤집어 놓고 보면 그것은 하나님을 부르는 반동에 불과한 것이다. 그 예를 니체(Nietzche)같은 사람에게서도 볼 수 있다. 그는 20대에 '알 수 없는 신에게'라는 시를 썼다. "눈물의 강이여, 가슴의 불길이여, 나의 격랑이여, 피할 수 없는 신이여, 알 수 없는 신이여, 최후의 행복이여, 최후의 고통이여, 생명의 약탈자여, 사랑의 약탈자여, 당신은 누구십니까? 알고 싶습니다. 섬기기라도 하겠습니다." 이런 시를 쓴 그의 배후에는 하나님의 문을 두드리고 또 두드리며, 누구보다도 절실하게 찾고 찾으며 하나님을 부른 모습이 있다. 그러다 마침내 그 신에 미쳐 버리고 신을 죽이고 말았다.

하나님을 찾는 그 열정 속에 인간 영혼의 위대성이 있다. 하나님을 찾는 세계의 모든 종교는 범신적 종교와 인격적 종교 두 가지로 구분할 수 있다. 범신적 종교는 신의 이름을 뭐라고 부르든지 인격에는 이르지 못했다. 부를 수 있는 하나님 그리고 대답을 기대할 수 있는 하나님, 인격적이고 유일하신 참 하나님은 성경을 통해서 역사 속에 자신을 계시하셨다.

셋째, 죄를 의식하는 단계이다.

인간의 자각과 의식의 최후의 순간은 인간이 본심으로 돌아가는 순간이다. 벌거벗은 듯이 정직하고 순수한 순간으로 돌아가는 절정은 사람이 숨을 거두는 임종의 시간이라고 생각한다. 아무리 못된 사람이라도, 교만하게 하나님이 없다고 소리치던 지적인 사람이라도, 숨이 마지막으로 넘어가는 순간에는 신부나 목사를 불러 달라고 한다. 여기에 인간을 이해하는 열쇠가 있다. 그것은 하나님께서 인간에게 선택의 자유를 주셨다는 것이다. 자유가 있기 때문에 책임이 있다. 바로 인간은 자기가 선택한 것에 대한 책임을 져야 하는 존재라는 것이다. 하나님께서 모든 만물 가운데서 인간에게만 선택의 자유를 주셨다. 그런데 인간에게 주신 자유는 시험(테스트)을 통과해야만 진정한 자유가 된다. 아직 시험을 통과하지 않은 자유는 원자재에 불과하다. 가능성만 있지 현실성은 없다. 의미가 클수록 시험도 위기적이다. 하나님께서는 인간의 크고 높은 자유를 시험하기 위해서 선악과를 주시면서 '네가 그것을 따 먹는 날에는 반드시 죽으리라'고 하셨다(창 2:17). 이와 같이 시험의 재료가 주어졌다. 아담은 물의 근원과 같다. 한 번 더러워지면 그가 흐르는 곳마다 끝없이 더러운 물이 되고 만다. 또 아담은 인류의 종자와 같다. 종자에게 일어난 사건은 전 지구상에 뿌려지는 씨앗마다 다 같은 것을 만들어낸다. 실낙원의 비극은 바로 이 죄 때문에 생긴 것이다.

죄의식이 없는 사람은 없다. 죄의식, 하나님에 대한 의식, 자아의식, 허무의식 이런 것들이 인간의 정신적 자각과 함께 생기는 의식인데 원죄를 인정하든지 인정하지 않든지 이 죄의식은 벗어날 수가 없다. 죄의 뜻은 원어로 '과녁을 이탈했다.'는 의미를 지닌다. 불법을 행한 것이며 하나님의 표준에 미치지 못한 것이다. 성경은 사람이 하나님의 형상으로 만들어졌다고 가르치는데 하나님의 형상에 미달한 것이 죄이다. 인간이 타락하고 부패해서 하나님과의 관계가 단절되었으며 그 결과로 죽음이 왔다. 온갖 어두움과 악이 생겼다. 성경을 읽으면 인간이 죄인이라는 것을 알게 된다. '의인은 없나니 한 사람도 없다'(롬 3:10). '우리의 의는 더러운 옷과 같다'(사 64:6). '만물 중에 가장 거짓되고 부패한 것은 사람의 마음이다.'(렘 17:9). '마음속이 부패하여 끊임없이 악이 속에서 터져 나온다.'(마15:18-19) '너희는 너희 스스로를 변화시키지 못 한다. 너희 목구멍은 열린 무덤이요, 그 혀로는 속임을 베풀고 그 입술에는 독사의 독이 있다.'고 말한다(롬 3:11~13). 이사야는 '발바닥에서 머리까지 성한 곳이 없다'고 말했다(사 1:6). 노아의 홍수 전에도 사람들의 생각이 항상 악할 뿐이었다고 한다(창 6:5). 성경은 인간이 타락한 존재이며 죄로 죽은 존재라고 말한다. 이 죄는 사탄에게서 왔다. 성경에서는 사탄을 속이는 자요, 죽이는 자라고 했다. 인류사의 종말은 전쟁으로 끝날 것이고 자멸할 것이다. 지구가 지옥처럼 될 것이다. 종말은 역사상 가장 처절한 전쟁 마당이 될 것이다. 전쟁은 사람의 마음이 밖으로 적나라하게 드러난 것이다. 마음속에 일어나지 않은 전쟁이 밖으로 일어날 리가 없다. 인간은 날마다 이를 갈고 전쟁을 준비한다. 겉으로는 고개를 끄덕거리고 앉아서 화해하는 척하지만 무기를 만들고 칼을 갈고 원자탄을 몰래 감추고 만들면서 서로 속이고 경쟁을 한다. 이런 속임수가 인류 문화의 최후 종말이 된다고 성경은 말하고 있다. 하나님께서 인간을 진단할 때 인간은 부패한 죄인이라고 말씀하신다. 많은 사람들은 이것에 동의하지 않을 것이다. 그러나 하나님께서는 인간의 마음을 진단해 보고 죽음에 이르는 죄인이라고 정죄하셨다. 우리를 만드시고 우리를 심판하실 분이 그렇게 진단했다. 내가 느끼는 나의 병에 대한 자각 증상보다 의사의 진단이 정확한 것처럼 인간에 대한 죄의 진단은 하나님의 진단이 절대 정확하다. 사람들은 죄에 대해서 다른 이름을 붙이려고 무척 애를 쓴다. 그것에 병이라는 이름을 붙이기도 한다. 그래서 죄를 범하는 사람은 정신 의학적인 치료를 받아야 하는 것으로 변장을 해버린다. 진화론자들은 인간에게는 동물 본능이 남아 있어서 아직도 도둑질이나 음란함이 남아 있다고 말한다. 그래서 진화 과정에서 교육을 잘 시키면 꼬리나 털이 없어지듯이 모든 것이 없어질 것이라고 주장한다. 얼마나 피상적인 생각인가? 무지하고 교양이 없으므로 개화를 하여 교육을 시키면 선해지리라고 생각하는 것이다. 이것은 거짓말이다. 실제로는 지식이 더해질수록 인간 죄악의 지능 지수가 더 높아졌다. 이것은 통계적인 진리이다. 어떤 사람은 환경의 탓이라고 주장한다. 하지만 환경이 좋으면 좋을수록 범죄지수는 더욱 높아간다. 양상이 달라질 뿐이다. 어떤 사람은 운명이라는 이름을 붙인다. 그러나 하나님은 네가 책임져야할 죄라고 말씀하신다. 모든 죄는 자기가 책임을 져야 한다.

넷째, 그리스도를 만나는 단계이다.

사람들 모두가 하나님을 등지고 한 방향으로 달리고 있다. 예술, 철학, 윤리, 인간의 모든 방향은 하나님을 등지고 있다. 그러나 어느 날 예수님에 대한 소식을 들었을 때 비로소 180도로 방향을 전환한다. 이것을 회심이라고 말한다. 십자가를 바라볼 때 하나님이 나를 부르는 소리를 듣게 된다. 마음을 고쳐먹지 않을 수가 없다. 당장 거짓말을 그만두고, 도둑질을 그만두고, 미움을 그만두고, 삶의 기본적 방향이 하나님을 향하게 되고, 그리스도의 십자가 앞에 서게 된다. 굉장한 전향이다. 인간의 마음을 고쳐먹는 전향 가운데서 가장 깊고 경건한 것은 예수님을 바라보는 전향이다. 어떤 사람은 극적으로 회심하고 어떤 사람은 점진적으로 회심의 단계를 걷는다. 성경은 사도 바울을 위시한 극적인 변화의 예들을 기록하고 있다. 그러나 언제 예수님을 마음속에 영접하고 생의 방향을 바꿨는지 분명하게 날짜를 기억할 수 없지만 전진적인 과정에서 방향을 180도로 전향한 사람들도 많다.

점진적이든지 극적으로 변화를 받았든지 우리가 건너는 다리가 있고 경계선이 있다. 그것은 죽음과 생명의 경계선이다. 암흑과 빛의 경계선이다. 지옥과 천국의 경계선이다. 죄수가 하나님의 자녀가 되는 경계선이다. 마음속에 일어나는 그리스도 이전과 이후가 될 것이다. 이러한 전향과 회심의 계기에는 여러 가지가 있다. 죄의식에 몰리다가 주님을 만나고, 영원한 하나님에 대한 그리움과 삶의 불안 혹은 죽음의 공포 때문에 주님을 만난다. 허무의 망령에 쫓기기도 하고 병에 걸리고 파산하여 완전히 거지가 된 것이 회심의 계기가 되기도 한다. 더 영원한 진선미를 추구하는 과정에서 기독교인으로 회심한 사람도 있다. 또 극히 세속적이고 이기적인 동기 혹은 지적인 호기심으로 인해 예수님께 전향하게 된 사람도 있다. 예쁜 여학생이 성경책을 끼고 교회에 들어가는 것을 보고 자신도 그 교회를 다니다가 예수님을 믿게 되었다는 얘기도 있다.

예수님께 돌아갈 때 기본적으로 가져야 할 태도가 있다. 성경은 '너희가 돌이켜 어린 아이처럼 되지 아니하면 하나님 나라를 볼 수가 없다.'라고 말한다(마 18:3). '돌이키는 것'은 방향을 바꾸는 것이다. 철학적인 태도를 취하거나 종교인의 경건한 태도를 취하거나 또는 도덕적으로 무장한다고 되는 것이 아니다. 회심한 사람은 예수님의 십자가 앞에서 어린 아이와 같이 된 사람이어야 한다. 다른 방법이 없다. 우리가 십자가 앞에 서서 하나님을 바라볼 때 돌이켜 어린 아이가 아버지를 부르는 태도로 돌아가지 않으면 안 된

다. 그 앞에서는 유식한 사람, 무식한 사람이 없다. 선한 사람, 악한 사람이 없다. 돌이켜 어린 아이처럼 순수하고 단순하게 예수님을 영접해야 한다. 그 외에 천국으로의 지름길은 없다. 물론 회심을 하는 데도 지적이며 감정적이고 의지적인 요소가 있다. 예수님을 아는데 필요한 어느 정도의 지적인 요소가 필요하다. 그리고 믿고 싶다는 감정이 어느 정도 따라야 한다. 그 다음에 비로소 '내가 믿겠습니다. 예수님은 나의 주님이십니다.'라고 의지적으로 결정해야 한다.

다섯째, 회개의 단계이다.

물론 극적으로 회개하는 사람도 있고 여러 가지 단계를 밟는 사람도 있다. 회개는 죄를 버리는 것이다. 예수님을 만나서 예수님께 전향하면 반드시 버려야 할 것이 있다. 신약에서 70회 이상 '회개하라'고 했다. 회개는 거짓말을 버리고, 훔친 것은 갚아 주고, 허물이 있는 사람과 화해하는 것이다.

결사적으로 죄를 버리는 운동이 시작된다. 예수님을 만난 후에 이 버리는 회개의 운동이 없다면 그 사람은 거짓에 거짓을 범하는 사람이다. 위선적이요 가식적인 사람이다. 그것은 있을 수 없는 일이다. 회개는 마음과 행동과 생활의 변화이다. 그냥 고요히 앉아서 생각하는 것이 아니라 삶이 변하는 운동이 일어난다. 일본의 위대한 그리스도인인 가가와 도요히꼬는 회개한 후 그가 예전에 점원으로 있을 때 훔쳤던 돈 5원을 갚아 주었다고 한다. 그렇게 영혼의 회개 운동이 일어나는 것이다. 한국의 그리스도인들의 약점이 바로 여기에 있다. 회개하는 일, 죄를 버리는 일에 열심을 내야겠다.

우리 모두 철저히 회개하고 죄를 내버리며 믿음 안에서 살아야한다. 믿음으로 산다는 것은 하나님이 기뻐하시고 요구하시는 뜻대로 사는 것이다. 믿음의 한 예를 모세에게서 배울 수 있다. 히브리서 11장에 보면 모세는 믿음으로 모든 것을 버리고 고난 받는 하나님의 백성의 길을 떠났다. 모세는 애굽의 왕위 계승권을 가지고 있었던 사람이었다. 애굽에서 40년 동안 왕이 될 수 있는 사람으로 교육을 받았다. 당시 애굽은 가장 부강한 나라였다. 문화의 중심지였다. 애굽의 영화, 애굽의 권력, 애굽의 부귀가 모두 모세의 것이었다. 그러나 모세는 모든 것을 버리고 하나님을 찾았다.

여섯째, 신앙의 단계이다.

신앙이라는 것은 이렇게 버리는 것에 있다. 새로운 가치, 새로운 사랑, 절대적인 것을 발견했기 때문에 다른 모든 것들을 상대화시키는 가치의 상대화가 일어난다. 이것은 다시는 되돌아 갈 수 없는 길로 가는 것이다. 이러한 모험이 신앙 속에 있다. 오로지 예수님께만 절대적 헌신과 절대적 순종을 결심하게 되는 순간이다.

신앙에는 배수진을 치는 결단이 따른다. 좁은 길을 택하고 십자가의 길을 택하고 예수님을 택하기 위해 모든 것을 거는 것이다. 이와 같은 결단이 없이 예수님을 소유하고 영생을 소유하여 인생의 새 출발을 결심한다는 것은 진실하지 못하고 정직하지 못한 것이다. 신앙은 모든 것을 맡기는 것이다. 어머니 품에 있는 어린 아이처럼 단순하게 신뢰하고 맡기는 것이다. 무전여행인 순례전도의 축복 가운데 하나는 돈도 없고 먹을 것도 없으므로 주님께 매일 밤 잠잘 곳과 먹을 것을 주시기를 기도하며 한 걸음 한 걸음을 주님께 맡기는 과정 속에서 신뢰하는 법을 배우는 것이다. 일용할 양식을 구하고 하룻밤 잘 곳을 구하는 것이 신앙이다. 이 신앙의 단계에서 배고픈 것을 맡기고 잠잘 곳을 맡기는 배수진을 치고 결단을 해야 한다. 신앙에는 이러한 지적이고 감정적이고 의지적인 결단이 있어야 한다. 어떤 사람은 지식적인 신앙만 가지고 있는 사람이 있다. 어떤 사람은 감정적인 데에 머무르는 사람이 있다. 그렇게 될 때 힘이 없다. 의지적이어야 한다. 그런데 대부분의 사람들이 막상 의지적으로, 실천과 행동으로 운명을 걸고 생명을 걸고 예수를 믿어야 될 때는 자기를 버리지 않는다. 배고픈 것도 안 맡기고 자기의 생명도 안 맡기고 배수진도 치지 않는다. 그러나 믿음이라는 것은 지극히 작은 일부터 모든 것을 신뢰하고 맡기는 것이다.

일곱째, 거듭나는 단계이다.

'거듭난다는 것'은 개혁한다든가 마음을 고친다든가 하는 것이 아니라 새로 지음을 받는 것이다. 사람이 거듭나지 아니하면 하나님 나라를 볼 수 없다(요 3:3). 어머니 뱃속에 어린 아이가 있으면 아기가 되어 나오고, 번데기가 고치 속에 있으면 나비가 되어 나오고, 달걀이 암탉에게 안겨 있으면 병아리가 되어 나오듯이 우리는 나의 노력에 의해서 거듭나는 것이 아니라 예수 안에 있어야만 거듭나는 새 생명을 얻는다. 새로운 피조물이 되고 하나님의 자녀가 된다. 영원한 생명을 얻게 된다. 성령이 내주하게 된다. 포도나무의 가지처럼 새 생명의 진액을 받고 새 사람이 된다.

사람은 거듭날 때까지는 아무리 좋게 보여도 근본적으로 이기주의자이다. 유식한 이기주의자가 있고 원시적인 이기주의자가 있다. 인간은 종교적으로도 이기주의자가 되고, 철학자는 철학적으로 이기주의자일 수 있으며 예술가는 예술적으로 이기주의자이다. 가장된, 변장된, 위장된 이기주의자이다. 그러나 예수님이 마음속에 들어오고 거듭난 사람이 되면 예수님이 나의 주인이고 나는 그의 종이 된다. 이런 사람에게는 영의 눈이 열리게 된다. 이런 사람은 비로소 예수 의식으로 살게 된다. 자기의식, 자기주의로 사는 것이 아니라 예수주의로 살게 된다. 성령이 눈을 뜨게 하셔서 하나님의 말씀을 사모하고 기도하며 하나님의 뜻에 순종하려는 의욕을 가지게 된다. 이것이 기독교인의 신비 중의 신비이다. 눈으로 보아서는 전혀 나타나지 않는다. 그러나 그 속에서 새 생명이 자라고 있다. 이 새 생명은 천사의 힘으로도, 철학이나 과학의 힘으로도, 자기의 노력과 의지로도 절대로 만들어 낼 수 없는 것이다. 오직 예수 그리스도를 영접함으로써 성령 안에서 새로운 피조물이 되는 것이다. 하나님의 자녀로 태어나는 것이다. 이것이 거듭남의 단계이다. 이 거듭남의 단계 이후에는 성경을 배움으로써 하나님 안에서 자라가야 한다.

김준곤. 『산 예수 산 신앙』. 김준곤 문설집 3권 (서울: 순출판사, 1984), 131~42.

03

예수님을 만난 사마리아 여인

: 구원받지 못할 만큼
악한 사람은 없다

(요한복음 4:3~42)

예수님은 누구에게나 구원을 베푸신다.
이 과에서는 예수님과 사마리아 여인의 대화를 통해
어떤 죄가 있는 사람이라도 예수님을 믿을 때
구원 받을 수 있다는 것을 배우게 된다.

도입 | 본문을 읽고 관찰한 것을 나눠보자.

사마리아인은 B.C. 722년 북이스라엘이 앗수르에게 멸망당한 후, 혼혈 정책으로 앗수르인과 이스라엘 사람들 사이에 태어난 민족이다. 유대인이 사마리아인을 싫어했던 이유는 혼혈민족이 된 것과 여호와 하나님과 우상을 동시에 섬긴 것 때문이다. B.C. 400년경 사마리아인은 유대인의 반대로 예루살렘 성전 재건에 동참하지 못하자 그리심 산에 자신들의 성전을 세움으로 서로 반목하게 되었다. 유대인의 관점에서 사마리아인은 구원받을 수 없는 악한 민족이었다. 대대로 유대인은 사마리아인을 경멸하고 부정하게 여겼다. 당시 유대에서 갈릴리로 가는 최단거리는 사마리아를 통과하는 길이었으나, 유대인들은 사마리아를 통과하는 대신 요단 강변으로 돌아서 다녔다.

사마리아로 가신 예수님

1. 예수님이 물을 달라고 했을 때 여인은 왜 이상하게 여겼는가? (9절)

2. 예수님이 물을 통해 사마리아 여인과 하고 싶었던 이야기는 무엇인가? (10~15절)

3. 예수님은 왜 여인에게 남편을 데려오라고 하셨는가? (16~19, 29절)

사마리아 여인의 변화

4. 예수님에 대한 여인의 관점은 어떻게 변해갔는가? (9, 19, 29절)

5. 이 여인의 변화를 통하여 사마리아 사람들은 어떻게 변화되었는가? (39~42절)

6. 예수님은 유대인들이 부정하다고 여겼던 사마리아에 친히 찾아가서 소외된 한 여인에게 복음을 전해 주셨다. 예수님은 당신의 삶에 어떻게 찾아오셨는가?

적용 | 예수님이 사마리아 여인을 찾아가서 만나신 것처럼 당신이 복음을 전하기 위해 찾아가 만나야 할 사람은 누구인가?

결론 | 구원받지 못할 만큼 악한 사람은 없다. 누구에게나 복음이 필요하다. 그리스도인은 사회, 문화, 언어, 종교적 장벽을 넘어 모든 사람에게 복음을 전해야 한다.

Movements Everywhere

#3_태신자의 필요를 채워주기

#태신자에게 고민이나 필요(기도제목)를 물어보기
#태신자를 위해 기도하기
#가능하다면 태신자의 실제적인 필요를 채워주고
#격려하기

Article

03

성령 안에서 증거하는 방법

빌 브라이트(Bill Bright)

풍성한 삶으로의 초대

나는 세계를 돌아다니며 수천 명의 그리스도인들에게 두 가지 질문을 했는데 누구에게 물어보아도 그 대답은 항상 똑같았다.

첫째, 당신이 삶에서 경험한 것 중 가장 중요한 일은 무엇입니까?

"그리스도를 나의 주님으로 영접한 것입니다."

둘째, 다른 사람을 돕기 위해 당신이 할 수 있는 가장 중요한 일은 무엇입니까?

"그가 그리스도를 알도록 돕는 것입니다."

나는 당신이 그리스도인이라면 이 질문에 똑같은 대답을 할 것이라고 확신한다. 그렇지만 안타깝게도 다른 사람에게 그리스도를 전하는 사람은 많지 않다. 어쩌면 당신 역시 다른 사람에게 그리스도를 전해본 적이 한 번도 없을 지 모른다.

누가복음 5장에서 예수님은 밤새도록 그물을 던졌지만 물고기를 한 마리도 잡지 못한 베드로와 그의 동료 어부들에게 깊은 데로 나가 그물을 내려 고기를 잡으라고 말씀하신다. 베드로는 밤새도록 고기를 잡지 못해 지쳤지만 주님의 말씀에 순종했고 그 결과 그물이 찢어질 정도로 많은 양의 고기를 잡게 되었다. 예수님의 능력을 보고 두려워하는 베드로에게 주님은 '두려워하지 말라. 이제부터 너는 사람을 낚는 어부가 될 것이다.'라고 말씀하셨다.

예수님은 베드로를 부르신 것처럼 모든 그리스도인들을 부르고 계신다. 당신이 다른 사람에게 그리스도를 전한 경험이 없을지라도 또는 베드로처럼 회의적일지라도 주님의 말씀에 순종한다면, 주님은 당신이 전한 복음에 많은 사람들이 반응하게 해 주실 것이다. 그리고 당신의 그물이 복음에 반응한 사람들로 가득 차게 되면 당신의 삶은 신나고 즐거운 모험이 될 것이다. 이제 당신의 삶을 신나는 모험으로 만들어줄 열매 맺는 전도방법을 나누고자 한다.

개인적인 준비

열매 맺는 전도를 하기 위해서는 먼저 개인적인 준비가 필요하다. 당신이 기도하며 주의 깊게 아래의 단계들을 따른다면 당신의 삶은 변화되고 주님을 위해 복음 전하는 삶을 살게 될 것이다.

첫째, 당신은 그리스도를 당신의 삶의 주인이요 구원자로 영접한 그리스도인임을 확신해야 한다. 그리스도인이 되는 것은 그리스도께 지성, 감정, 의지를 포함하여 전인격적으로 헌신하는 것이다. 예수 그리스도가 하나님의 아들이시며 당신의 죄를 위해 십자가에서 죽으셨다가 삼 일만에 다시 살아나셨음을 지적으로 아는 것만으로 충분하지 않다. 세례를 받고 교회 활동에 참여하고 성경을 읽고 매일 기도하는 것으로도 충분하지 않다. 당신의 의지의 행동인 믿음으로 하나님의 은혜의 선물인 예수 그리스도의 사랑과 용서를 받아들일 때에 비로소 그리스도인이 된다. 믿음으로 그리스도를 영접하고 그리스도가 당신 안에 계심을 확신하는 것이 열매 맺는 전도의 시작이다.

둘째, 당신 삶에 고백하지 않은 죄가 있는지 살펴보고 죄를 고백해야 한다. 당신의 삶에서 하나님과의 교제를 가로막고 있는 잘못된 태도나 행동이 있다면 주님이 당신을 통해 사시거나 사랑하실 수 없다. 그러므로 당신은 그리스도를 위해 열매 맺는 전도자가 되지 못할 것이다. 성령께서 당신의 죄를 지적해 주실 때 즉시 죄를 고백하라. 영혼의 호흡 중 내쉬는 일, 즉 죄 고백을 하라. 죄 고백은 주님을 위해 열매 맺는 증인이 되는데 필수적이다.

셋째, 믿음으로 성령 충만을 받아야 한다. 예수님은 "성령이 너희에게 임하시면, 너희는 권능을 받게 될 것이다. 그러면 너희는 예루살렘에서, 유대와 사마리아 전 지역에서, 그리고 땅 끝까지 이르러 나의 증인이 될 것이다."라고 약속하셨다. 믿음으로 성령께 당신을 다스리시고 능력 주시도록 요청하여 성령 충만을 받을 때, 당신은 거룩하고 경건한 삶을 살고 열매 맺는 복음전도자가 될 것이다.

넷째, 그리스도 안에서 당신의 신앙을 나눌 준비를 해야 한다. 하나님에 대해 묻는 사람에게 잘 대답할 수 있도록 항상 준비해야 한다. 베드로 사도는 "너희 마음에 그리스도를 주로 삼아 거룩하게 하고 너희 속에 있는 소망에 관한 이유를 묻는 자에게는 대답할 것을 항상 준비하되 온유와 두려움으로 하라"고 말한다(벧전 3:15). 전도도 다른 기술들처럼 훈련과 연습이 필요하다. 모든 사람이 전도자의 은사를 가진 것은 아니지만 모든 그리스도인은 전도하라는 부름을 받았다(딤후 4:5). 당신은 예수 그리스도를 위한 전도의 특권과 직무를 맡았다. 마태복음 28:18~20은 바로 당신에게 주신 지상명령이다. 사영리와 같은 단순한 도구를 사용하는 법을 배움으로 효과적으로 전도할 수 있다.

어떤 그리스도인들은 다른 사람들보다 더 많은 열매를 맺는다. 당신보다 당신 친구가 전도할 때 더 많은 사람들이 그리스도께 나아온다고 해서 좌절하지 말라. 그리스도인들이 전도를 하지만 사람들이 그리스도께 나아오는 것은 열매 맺게 하시는 성령의 사역의 결과이다. 성공적인 전도는 성령의 능력 안에서 예수 그리스도를 전하고 그 결과는 하나님께 맡기는 것이다.

실천하기

열매 맺는 전도를 하기 위해 개인적인 준비를 했다면 그 다음 할 일은 실천하는 것이다. 실천하는 데는 4가지 단계가 있다.

첫째, 기도하라. 성경은 우리가 하나님의 뜻에 따라 구하면 하나님께서 들으시고 응답하신다고 약속한다. 당신의 사랑하는 사람들, 친구들 그리고 이웃들이 그리스도께 나아오기를 바라는가? 그들이 하나님께 속한 자들임을 믿음으로 선언하라.

나는 오랜 시간 사랑하는 사람들이 그리스도께 나아오도록 울면서 기도해왔다. 그러던 어느 날, 하나님은 그들이 멸망당하기를 원치 않으시며 내가 그들을 사랑하는 것보다 더 그들을 사랑하신다는 것을 깨닫게 되었다. 그래서 나는 그들이 그리스도인이 될 것을 믿고 감사하기 시작했다. 지금은 그들 대부분이 그리스도를 영접했다. 그리고 지금 나의 기도목록에는 더 많은 사람들이 기록되어 있다.

예수님이 제자들의 삶에서 성령이 역사하시도록 기도하셨던 것처럼 당신도 성령께서 믿지 않는 사람들에게 하나님을 향한 열망을 주시도록 기도할 수 있다. 하나님의 뜻은 사람들을 멸망시키려는 것이 아니라 회개하게 하시는 것이다(벧후 3:9). 그러나 때때로 하나님은 그분이 정한 시간까지 우리가 계속해서 기도하게 하실 때도 있다. 하나님의 시간이 당신의 시간과 항상 같은 것은 아니기 때문이다.

사랑하는 사람들의 구원과 영적 성장을 위해 지속적으로 하나님께 감사하며 기도하라. 지속적으로 기도하기 위해 기도목록을 만들거나 기도일지를 쓰라. 사람들의 이름을 불러가며 구체적인 기도제목을 가지고 기도하라. 하나님이 응답하시면 그 날짜를 기록하고 하나님이 어떻게 응답하셨는지 적어두라. 이런 기록은 하나님의 신실하심을 보여주고, 당신과 다른 사람들의 믿음을 격려하고 강하게 할 것이다.

둘째, 가라. 복음을 전할 때 가장 큰 어려움은 전하러 가는 것이다. 당신은 모든 종류의 변명을 듣게 된다. "나는 너무 바빠." 또는 "나는 성령께서 어떤 사람을 나에게 인도해 주시길 기다리는 중이야." 주님은 모든 사람들에게 복음을 전하러 가라고 명령하셨다. 그들이 당신에게 오기를 기다리지 말라. 당신이 예수님을 따를 때 주님은 그가 준비하신 사람들에게 나아가도록 당신을 인도하실 것이다.

셋째, 예수님에 대해서 이야기하라. 당신도 만나는 모든 사람들에게 예수님을 전할 수 있도록 기도하고 기대하라. 복음을 전할 때 날씨, 운동, 정치, 사업과 같은 주변적인 문제들로 초점이 흐려지게 하지 말라. 사영리는 주위를 산만하게 하는 다양한 주제들을 피하고, 그리스도에게 초점을 맞추어 대화할 수 있도록 돕는다. 그리고 복음을 단순하고 이해하기 쉽게 제시해 준다. 이것이 복음을 전할 때 사영리가 효과적인 이유이다. 열매 맺는 전도를 하려면 예수님에 대해서만 이야기하라. 그리고 그들의 삶에 예수님을 영접하도록 격려하라. 사람들에게 그리스도를 구세주와 주님으로 영접하도록 기회를 주었을 때 비로소 복음을 전한 것이다.

당신이 예수님에 대해 이야기할 때 영접할 준비가 된 사람들이 있을 것이다. 그렇지만 어떤 사람들은 약간 더 "익어야" 할 것이다. 내가 어렸을 때 삼촌의 복숭아 과수원을 방문하곤 했는데, 우리는 항상 다 익은 복숭아를 따고 덜 익은 복숭아는 남겨두었다. 그리고 이틀 후에 가보면 그 복숭아들이

다 익어서 딸 수 있었다. 그리스도에 대해 증거하는 것도 이와 마찬가지이다. 기도하는 가운데 사람들이 복음을 받아들일 준비가 되었는지 민감하게 파악하라. 어떤 사람들은 추수할 만큼 충분히 익어 그리스도를 영접할 것이고 또 어떤 사람들은 덜 익은 과일처럼 아직 준비되지 않았을 것이다.

준비되지 않은 사람들과 논쟁하지 말라. 억지로 그리스도를 영접하도록 강요하지 말라. 사영리와 같이 그들이 읽기에 적합한 소책자를 주라. 그리고 그들을 위해 기도하고 주께서 기회를 주시면 나중에 다시 만나 이야기하라. 당신 주위에 영접할 준비가 된 사람들을 계속 찾으라. 성령에 의해 이미 마음이 준비된 수많은 사람들이 그리스도를 영접하기 위해 기다리고 있다.

넷째, 하나님께서 당신을 사용하실 것을 기대하라. 역사적으로 가장 큰 거짓말 중 하나는 사람들이 하나님을 개인적으로 알고 싶어 하지 않는다는 말이다. 이런 거짓말에 속아서 많은 그리스도인들이 마치 "그리스도인이 되기 싫지요? 그렇지요?"라고 말하는 것 같은 부정적인 태도로 사람들에게 다가간다. 하나님께서 그리스도를 영접하도록 사람들의 마음을 준비시키셨음을 기대하라. 그러면 하나님의 놀라운 일을 보게 될 것이다.

복음을 분명히 제시했을 때 복음에 대한 반응은 나라와 문화에 따라 다르다. 그러나 우리는 성령께서 수많은 사람들이 그리스도를 영접하도록 준비시키셨음을 알 수 있다. 예수님께서 "자, 눈을 들어 들판을 보아라. 벌써 곡식이 다 익어서, 거두이들일 때가 되지 않았느냐?"라고 말씀하셨다(요 4:35). 당신이 복음을 전한 모든 사람이 그리스도를 영접하지는 않겠지만 당신이 하나님을 신뢰하는 한 하나님은 씨를 뿌리고 수확하는데 당신을 사용하실 것이다.

성공적인 복음전도

그리스도를 위해 복음을 전할 때 오직 믿음으로 전하고 그 결과를 하나님께 맡기라. 하나님은 당신이 신실하게 순종하여 복음을 전하는 것을 원하신다. 당신의 책임은 오직 그리스도를 전하는 것이다. 사람들이 하나님께 나아오는 것은 하나님의 책임이다. 내가 앞에서 언급한 것처럼 성공적인 전도는 성령의 능력 안에서 예수 그리스도만을 전하고 그 결과는 하나님께 맡기는 것이다.

앞서 나는 다른 사람들에게 성공적으로 그리스도를 전할 수 있는 성경적인 방법을 제시했다. 먼저 당신은 당신 자신을 준비함으로 시작해야 한다.

1. 그리스도인임을 확신하라.
2. 고백하지 않은 죄가 없도록 하라.
3. 성령 충만을 받으라.
4. 당신의 믿음을 전할 준비를 하라.

그런 다음 당신은 다음과 같이 실천해야 한다.

1. 기도하라.
2. 가라.
3. 예수님에 대해서 이야기하라.
4. 하나님이 당신을 사용하실 것을 기대하라.

이 방법을 지속적으로 따를 때 당신은 생활 속에서 하나님을 위해 열매 맺는 삶을 살게 될 것이다. 세상의 어떤 경험도 성령의 능력 안에서 그리스도를 전하는 것과 비교할 수 없다. 이 신나는 모험에 함께하지 않겠는가!

빌 브라이트. TC 5,『성령 안에서 증거 하는 방법』. 서울: 순출판사, 2015에서 발췌

요한일서 개관

배경 | 요한일서는 사도 요한이 1세기 말(A.D. 85~100년)에 기록하였다. 당시 요한의 서신을 받은 공동체는 영지주의의 영향으로 혼란을 겪고 있었던 것으로 보인다. 영지주의는 초대교회에 있었던 이단으로 영은 선하고 육은 악하다는 이원론에 기초를 두었다. 그들은 구원이 악한 물질세계에서 해방되어 선하고 고상한 영적 세계로 들어가는 것이며 비밀한 영적 지식을 소유할 때 가능한 것이라고 믿었다. 그러므로 그들은 예수님의 성육신과 육체적인 부활을 부인했고(2:22; 4:2), 육체로 행하는 의로운 행실이나 형제를 사랑하는 것은 중요하지 않다고 가르쳤다.

기록 목적 | 요한일서의 기록 목적은 5:13에서 '내가 하나님의 아들의 이름을 믿는 너희에게 이것을 쓰는 것은 너희로 하여금 너희에게 영생이 있음을 알게 하려 함이라'라고 직접 밝히고 있다. 요한은 영지주의의 영향 아래 있는 성도들에게 영생을 확신하는 방법과 참된 신앙의 모습에 대한 바른 지식을 주고자 이 편지를 썼다.

요한은 예수님이 하나님의 아들이심을 믿는 자에게는 이미 영생이 있고, 성도 안에 거하시는 성령이 친히 가르치시므로 다른 비밀한 지식이 필요하지 않다고 가르친다(2:20~29). 또한 하나님과 참된 사귐이 있는 자는 하나님이 빛이시고(1:5) 사랑이시므로(4:8), 그도 빛 가운데 행하고 형제를 사랑한다고 말한다. 그리고

예수의 성육신을 부인하는 자들은 세상에 속한 자들인데, 그러한 세상을 이기는 것은 하나님의 아들이신 예수를 믿는 우리의 믿음이라고 강조한다(4:1~6). 요약하면 요한은 예수님을 성육하신 하나님의 아들로 믿는 자가 바로 하나님의 자녀이며, 하나님의 자녀는 하나님의 성품을 닮아서 의로운 삶을 살고, 형제를 사랑한다고 말하는 것이다. 이러한 요한의 가르침은 신앙이 실제의 삶과 결코 분리되지 않는다는 것을 알게 한다.

핵심 주제

요한일서는 하나님의 속성을 중심으로 다음과 같이 요약할 수 있다.

첫째, 하나님은 빛이시다(1:5). 이 빛은 예수님에게 전해졌고 또한 그와 교제를 나누고 있는 신자들에게 전해졌다(1:6~7). 그러므로 하나님을 믿는 사람들이 어둠 가운데 있다면 이는 모순이다. 어둠 가운데 있다는 말은 죄를 짓는다는 뜻이요(1:9) 형제를 사랑하지 않는다는 뜻이다(2:9).

둘째, 하나님은 의로우신 분이시다(2:29; 3:7). 그러므로 하나님을 믿는 사람들은 그분을 닮아서 의를 행하게 된다. 그리스도 밖에 있는 동안 지은 죄는 그리스도의 피로 깨끗이 씻김을 받고, 그리스도 안에 거한 후에는 의로우신 하나님과의 교제 때문에 죄와 인연을 끊고 살게 된다(3:9).

셋째, 하나님은 사랑이시다(4:16). 하나님은 예수 그리스도를 통

해 먼저 인간에 대한 사랑을 보여주셨다. 이러한 하나님과 교제를 나누는 사람은 형제를 사랑한다. 하나님을 사랑한다고 하면서 형제를 미워한다면 거짓말하는 것이다(4:20).

구조 | I. 서론(1:1~4)

II. 하나님은 빛이시다(1:5~2:27)

1. 하나님과 교제 및 죄의 고백(1:5~2:2)
2. 하나님과 교제 및 순종(2:3~11)
3. 세상을 향한 태도(2:12~17)
4. 적그리스도에 대한 경고(2:18~27)

III. 하나님은 의로우시다(2:28~4:6)

1. 하나님의 의로운 자녀들(3:1~9)
2. 하나님의 자녀들의 신실한 사랑(3:10~18)
3. 하나님 앞에서 확신(3:19~24)
4. 적그리스도의 영에 대한 경고(4:1~6)

IV. 하나님은 사랑이시다(4:7~5:13)

1. 참된 사랑의 성격(4:7~21)
2. 그리스도 안에 있는 믿음의 중요성(5:1~13)

V. 마지막 권면(5:14~21)

(I. Howard Marshall, *Epistles of John*, NICNT, 22-27)

요한복음과 요한일서의 비교

요한복음과 요한일서의 저자는 모두 사도 요한이다. 그래서 두 책에서는 용어, 문체 및 사상이 유사하다. 그는 반복적인 표현을 사용하여 비슷한 내용과 공통된 사상을 드러낸다.

공통 주제	요한복음	요한일서
그리스도의 선재성	1:1~2	1:1
빛 되신 주님	1:4, 9	1:5
빛과 어두움	1:5; 12:35	2:9
그리스도의 성육신	1:14	4:2
독생자를 보내신 하나님의 사랑	3:16	4:9
그리스도는 생명이시고 진리이시다	5:26; 11:25	1:2
서로 사랑하라	13:34	3:23
기쁨 충만	15:11; 16:24	1:4

요한복음이 복음 전도의 목적을 가졌다면(요 20:31), 요한일서는 믿는 자들에게 확신을 주고 그 믿음에 대한 참된 지식을 가르쳐 주기 위해 기록되었다(요일 5:13). 요한복음은 '하나님은 사랑이시다.'라고 말하고, 요한일서는 '하나님은 사랑이시기 때문에 그 놀라운 사랑을 받은 우리들이 서로 사랑해야 한다.'고 가르친다(요일 3:16).

BIBLE

04

빛 가운데 행하라

(요한일서 1:5~10)

하나님은 빛이시다.
빛 가운데 살기 위해서는
하나님의 사랑과 용서를 체험해야 한다.
이 과에서는 어떻게 하나님의 사랑과 용서를
체험할 수 있는지 배우게 된다.

도입 | 누군가의 잘못으로 다른 사람과의 관계가 멀어진 적이 있는가? 당신은 그 관계를 어떻게 회복했는가?

빛이신 하나님

1. '하나님은 빛이시고 그에게는 어둠이 조금도 없으시다'는 것은 무슨 의미인가? (5절)

2. 빛이신 하나님과 사귐이 있는 사람은 어떤 삶을 사는가? (6~7절; 참고 3절)

죄 고백

3. 우리가 죄를 지었을 때, 용서 받고 깨끗하게 되려면 어떻게 해야 하는가? (9절)

4. 하나님은 의로우시기 때문에 죄인을 심판해야 마땅하다. 그런데 죄인인 우리를 용서해 주셨다. 어떻게 죄인을 용서하실 수 있는가? (요 3:16; 롬 5:8; 벧전 2:24)

5. '나는 최선을 다해 살아왔어, 나는 죄를 지은 적이 없어'라고 말하는 사람에 대해 성경은 무엇이라고 이야기 하는가? (8, 10절)

6. 그리스도인이 고백하지 않은 죄가 있으면 어떻게 되는가?

적용 | 고백하지 않은 죄가 있는지 자신을 돌아보라. 하나님이 생각나게 해 주신 죄가 있다면 지금 고백하라.

결론 | 빛이신 하나님은 죄가 없으시다. 빛의 자녀가 된 그리스도인들은 진리를 따라 거룩한 삶을 살아야 한다. 만일 죄를 지었다면 죄 고백을 통해 계속해서 하나님의 사랑과 용서를 체험하는 삶을 살 수 있다.

Movements Everywhere

#4_영적인 대화 시도해 보기

#영상 보여주기(예. 가시망토를 쓴 소년)
#솔라리움 사용하기

Article

04

내 마음, 그리스도의 집

로버트 멍어(Robert Munger)

어느 날 저녁, 나는 예수님을 내 삶에 초청하고 그분과 함께 살고 싶다고 말씀드렸다. 그것은 어떤 장엄하고 벅차오르는 느낌이 아니라 내 삶의 중심에서 실제로 일어난 일이었다. 그분은 내 안에 들어오셔서 등불을 밝히고 난로에 불을 지피고 텅 비어있던 곳을 그분의 임재로 가득 채우셨다. 나는 "주님, 제 안에서 편안히 지내시면서 제 삶의 모든 영역을 다스려 주세요. 제가 집안을 두루 구경시켜 드릴게요."라고 말씀드렸다.

서재

우리가 맨 처음 함께 돌아본 곳은 나의 서재 곧 내 마음의 방이었다. 방은 아주 작았고 기둥은 대단히 두꺼웠다. 예수님이 들어오셔서 책장의 책들과 탁자 위의 잡지들, 그리고 벽에 걸린 사진들을 둘러보셨다. 나는 마음이 좀 불편했다. 이상하게도 전에는 이런 것들에 대해 한 번도 나 스스로 의식해 본적이 없었다. 그런데 갑자기 예수님이 나의 이런 물건들을 바라보고 계신

다는 것이 너무나 당혹스러웠다. 어떤 것들은 그분이 계신 곳에 있어서는 안 될 것처럼 느껴졌다. 그리고 생전 처음으로 내 앞에 놓여있는 것의 상당수는 읽어본 적이 없는 책이라는 것을 깨달았다. 부끄러움으로 얼굴이 붉어진 나는 주님께 돌아서며 "이 방 청소 좀 해야겠지요? 그런데 어디서부터 손을 대야 할지 모르겠네요. 주님 좀 도와주시겠어요?"라고 말했다. 그 후로 나는 그리스도가 내 마음에 계시면 그분의 정결함과 능력이 내 속에 있는 더러운 생각들의 자리를 깨끗하게 해주신다는 것을 발견하게 되었다. 또한 그분이 기뻐하시지 않는 것들을 하고자 하는 욕구조차도 줄어든다는 것을 알게 되었다. 아직 갈 길이 멀긴 하지만 나는 점점 더 그분의 다스리심 속에 거하게 되었다.

주방

서재 다음에 우리는 주방 곧 내 식욕과 욕망의 방으로 발걸음을 옮겼다. 이곳은 내가 많은 시간과 에너지를 쏟는 곳이다. 나는 자랑스럽게 "이곳은 제가 가장 좋아하는 곳입니다. 여기서 요리한 것들을 보시면 주님도 기뻐하실 거예요."라고 말씀드렸다. 예수님은 식탁에 앉으시며 "저녁 메뉴가 뭐니? 너는 평소에 주로 뭘 먹니?"라고 물으셨다. 나는 "음... 제가 가장 좋아하는 메뉴 몇 가지를 선보여 드릴게요."라고 말씀드렸다. 나는 그동안 내가 쌓아온 모든 학문적 업적과 운동의 성과, 야망 거기에다 내가 꿈꾸고 있는 앞으로의 계획까지 모두 펼쳐 보였다. 예수님 앞에 "그 음식들"을 차렸는데 그분은 아무 말씀도 하시지 않았고 아무 것도 드시지 않았다. 나는 "주님, 음식이 마음에 들지 않으세요? 무슨 문제라도 있나요?"라고 여쭤보았다. 그분은 "이 음식들이 너의 배고픔을 채워줄 수 있을까?"라고 물으셨다. "네가 진정으로 만족하기 원하면 내가 주는 양식을 먹고 네 마음을 오직 하나님의 뜻을 행하는데 두렴. 지금까지 너 자신을 위해 쌓아온 모든 것들은 결국 네게 공허감만 안겨 줄 뿐이란다."

사실 나는 그 말이 듣기 싫었다. 나는 내 배고픔을 채워주고 나를 만족시킬 음식을 내 힘으로 요리할 수 있다고 확신했기 때문이다. 나는 주님의 말씀을 최대한 이해하려고 애쓰며 그 자리에 멍하니 서 있었다. 내 마음을 알아채신 주님은 손을 내밀어 내 손에 작은 빵 덩어리 하나를 주셨다. 나는 그것을 받아먹었다. 그것은 이제까지 맛본 적이 없는 순전한 기쁨의 맛이었다. 향이 어찌나 진하던지 겨우 한 입 베어 먹었을 뿐인데 내가 몇 년간 소비한 칼로리를 다 합친 것보다 더 큰 힘과 만족감을 주었다. 나는 이처럼 포만감과 만족감을 느낀 적이 한 번도 없었다. 나는 주님이 주시는 것을 날마다 먹고 싶어졌다.

거실

거기서 우리는 거실로 자리를 옮겼다. 격식 없이 서로 친밀하고 편하게 있을 수 있는 곳이었다. 난로가 있고 뭔가를 잔뜩 얹어놓은 의자들과 큰 소파와 대형 멀티미디어 기기가 놓여있었다. 예수님은 "여긴 좁지만 아주 편안한 곳이구나. 여기 자주 와서 함께 이야기를 나누자꾸나." 말씀하셨다. 나는 말할 수 없는 기쁨을 느꼈다. 어느 누구의 방해도 받지 않고 주님과 이야기를 나누는 것이야 말로 내가 바라던 일이었기 때문이다. 그분은 "매일 아침 여기서 만나자. 매일 하루를 나와 같이 시작하는 거야."라고 말씀하셨다.

내가 아침마다 계단을 내려와 거실로 들어서면 예수님은 거기서 나를 기다리고 계셨다. 우리는 성경을 펴서 줄곧 함께 읽었다. 이 시간에 주님은 나에 대한 그분의 사랑을 표현해 주시고 내 삶 속에서 이루기 원하시는 것들을 말씀해 주셨다. 이때가 다정하신 주님을 만나는 최고의 순간이요, 인생의 지혜를 깨닫는 시간이었다. 그러나 시급한 일들에 밀려 그 시간은 차츰차츰 다른 일들로 채워졌고, 시간에 쫓겨 서두르다 보니 점점 더 주님과 친밀하게 교제하지 못하게 되었다. 나는 때때로 그 시간을 지키지 못했고 심지어 주님과의 만남을 기억조차 못할 때도 있었다. 어느 날 아침, 지금은 기억도 나지 않지만 그때는 정말 중요하게 여겼던 일 때문에 아침 식사도 대충 마치고 황급히 집을 나서는 길이었다. 나는 서둘러 거실을 지나치다가 문이 열려 있어서 안을 들여다보았다. 그리고 주님이 난로 곁에 앉아 나를 위해 기도하고 계신 것을 발견했다. '내가 스스로 예수님을 초청해서 함께 살자고 하지 않았던가!'라고 생각하니 가슴을 찌르는 죄책감이 밀려왔다. '예수님은 내 인생의 최고의 친구가 되어 주셨는데 난 이렇게 주님을 무시하고 있구나!'

나는 가던 길을 멈추고 주저주저하며 안으로 들어섰다. 고개를 숙이며 "주님, 약속을 지키지 못한 것을 용서해주세요. 매일 아침 여기서 나를 기다리셨어요?"라고 여쭈었다. "그렇단다." 예수님이 대답하셨다. "내가 한결같이 너와 함께 있다는 것을 기억하렴. 우리는 매일 아침 여기서 만나기로 약속했잖니? 나의 사랑 안에 거하고 나의 인도함을 따르려면 우리가 함께 교제하는 시간이 정말 중요하단다. 나는 네 인생이 최고가 되기를 바란다. 그리고 나는 너를 소중하게 여기기 때문에 너와 함께 시간을 보내는 것이 즐겁단다." 예수님이 정말로 나와 친구가 되고 싶어 하신다는 사실이 나의 경건의 시간을 완전히 바꾸어 놓았다. 아침 시간이 언제나 좋은 것은 아니었다.

우리는 때로 밤에 만나기도 했다. 그렇게 나는 그분의 말씀과 기도로 하루하루를 조각해 나갔다.

작업실

얼마 지나지 않아 예수님은 "이 근처에 네 작업실이 있니?"라고 물으셨다. 차고 옆에 작은 작업 선반을 갖춰 놓고 여기저기서 가져다 놓은 공구들을 늘어놓은 작업실이 있었다. 그렇지만 그 공구들을 사용하는 일은 거의 없었다. 한 동안은 거기서 끙끙대기도 했지만 뭔가 그럴듯한 것을 만들어 본 적은 한 번도 없었다. 나는 그곳을 보여드리려고 주님을 모시고 밖으로 나갔다.

"음… 꽤 잘 갖춰진 곳이구나. 너는 하나님 나라를 위해 네 인생으로 어떤 것을 만들고 있니?" 예수님은 내가 의자에 올려놓은 몇 가지 작은 장난감 중에 하나를 들고 말씀하셨다. "네가 만든 장난감인가 보구나?" 내가 대답했다. "솜씨가 형편없지요? 집중해서 만들 시간도 없고 손재주도 없어요." 그분은 내게 물으셨다. "더 잘 만들고 싶니?" 나는 "그럼요."라고 대답했다. "좋아. 네 손을 나에게 맡기고 편안한 마음으로 내 영을 따르렴. 내 영이 네 손과 마음을 조절하게 되면 네가 더 멋진 작품을 만들 수 있게 될 거야." 주님이 내 뒤로 오시더니 자신의 큰 손을 내 손 밑으로 넣으시고 나와 함께 움직이셨다. 내가 편안하게 주님을 신뢰하면 할수록 그분은 나를 통해 더욱 많은 일들을 하셨다.

여가실

예수님은 내가 친구들과 함께 시간을 보내는 장소가 있느냐고 물으셨다. 나는 그것만은 묻지 않길 간절히 바랬다. 내게 어느 누구에게도 알리고 싶지 않은 사교모임과 활동들이 있었기 때문이다. 어느 날 저녁 친구들과 만날 준비를 하고 있는데 그분이 "외출하는 거니?"라고 물으셨다. 나는 "네." 라고 대답했다. 주님이 "나도 너와 같이 가고 싶구나."라고 하셨다. "글쎄요." 나는 좀 당황하며 말씀드렸다. "저희가 가는 곳에서 별로 즐겁게 지내실 수 없을 것 같아요. 내일 밤에 저하고만 외출하시는 게 어떠세요? 성경 공부를 하거나 교회에 가거나 뭐 다른 어떤 것이라도 괜찮아요. 그러나 오늘 밤에는 다른 계획이 있거든요." 주님은 말씀하셨다. "그것 참 아쉽구나. 나는 우리가 함께 살게 되면 모든 것을 함께 할 거라고 생각했지. 난 얼마든지 너와 함께 갈 용의가 있다는 것을 네가 알아주었으면 좋겠다." 나는 문 밖으로 나서며 "그…그래요."라고 말을 더듬거리며 말씀드렸다. "내일 다른 곳에 함께 갈게요."

저녁 내내 나는 비참한 기분이 들었다. '도대체 내가 무슨 생각을 한 거지? 친구들 모임에 의도적으로 예수님을 빼놓고 가다니… 여태까지 난 그분을 친구로 믿어 오지 않았던가? 그분이 나에게 해주신 일들을 내 친구들에게도 얼마든지 해주실 수 있었을 텐데 말이야.' 집에 돌아왔을 때 예수님은 나를 기다리고 계셨다. 나는 그날 어디에 갔었는지를 말씀드리기로 작정했다. "주님" 내가 말문을 열었다. "오늘 크게 깨달은 것이 있어요. 지금까지 주님과 함께 했던 시간이 제 인생의 최고의 순간이었어요. 이제부터는 모든 일을 주님과 함께 할게요." 주님은 여가실 뒤쪽으로 나를 데려가시더니 리모델링 계획을 내 앞에 펼쳐 놓으셨다. 얼마 지나지 않아서 그분은 내 친구들과도 편안하게 어울리셨고 몇몇 친구들은 그분을 자신의 집에 초대했다. 예수님은 나에게 새로운 친구들을 소개해 주시기도 했다. 우리는 잔잔한 음악을 들으며 재밌고 의미 있는 얘기들을 주고 받았다.

비밀창고

어느 날 예수님이 문 앞에서 나를 기다리고 계셨다. 그분은 집안에 들어서는 나를 주의 깊게 바라보시며 말씀하셨다. "집 안에서 악취가 진동하는구

나. 이 근처에 뭔가 죽어 있는 게 틀림없어. 내 생각에는 저기 걸레 밑 벌레가 득실거리는 곳에서 나는 것 같구나." 즉시 나는 그분이 무엇에 대해 말씀하시는 것인지를 알았다. 마룻바닥 아래에 누구에게도 알려주기 싫은 나만의 물건들을 넣어두는 잡동사니 공간이 있었다. 나는 그것들이 죽은 것들이며 나의 예전 삶의 습관에서 썩다 남은 것들이라는 것을 알고 있었다. 나는 그것들을 꼭꼭 숨겨왔기 때문에 어느 누구도 그것을 알아차리리라고는 생각하지 못했다. 가끔씩 나는 그 옛 습관들을 몇 가지씩 뒤섞거나 예전에 품은 원한을 키우기도 했다. 나는 아직도 이런 것들 속에서 내가 허우적거리고 있다는 것을 어느 누구 앞에서도 인정하기가 두렵고 싫었다. 나는 기분이 아주 우울한 날에만 그 비밀창고를 찾는다고 예수님께 변명했다.

나는 마지못해서 주님과 함께 지하실로 가서 비밀창고 문을 가리고 있던 걸레를 치웠다. 나는 분노를 느꼈다. 내가 표출할 수 있는 유일한 감정이었다. '이건 사적인 거란 말예요!' 나는 예수님께 내 서재도, 주방도, 거실도, 작업실도, 여가실도 내주었다. 그런데 지금 어느 누구에게도 아무런 해가 되지 않는 이 작은 잡동사니 공간까지 들어가게 해 달라고 요구하신다. 나는 혼자 중얼거렸다. '이건 정말 너무해. 절대로 열쇠를 넘겨주지 않을 거야.' 내 생각을 아신 예수님은 "그래? 참기 힘들 정도로 악취가 진동하는구나. 내가 여기 있는 것이 싫은 것 같으니 나는 현관에 가 있으마."라고 말씀하셨다. 지저분하고 악취가 풍기는 것을 숨기고 제거하지 않으려는 나에게 더 이상 가까이할 수 없다고 하시는 것 같았다. 나는 항복하지 않을 수 없었다. "잠깐만요. 열쇠를 드릴게요." 슬픈 목소리로 말씀드렸다. "그렇지만 주님께서 지저분하고 엉망진창인 것들을 깨끗이 치우실 수 있을지 모르겠어요. 저도 몇 번이나 노력해 봤지만 번번이 허사였거든요. 깨끗하게 치울만한 힘도 제게 없고, 그 안은 너무 어두운데다 곰팡이까지 여기저기 퍼지고 있어요."

예수님은 말씀하셨다. "내게 열쇠만 넘겨주렴. 이 잡동사니 공간을 내가 깨끗이 청소해주마." 나는 손을 부들부들 떨면서 주님께 열쇠를 넘겨드렸다. 그분은 문을 여시더니 청소를 시작하셨다. 나는 예수님을 이런 누추하고 지저분한 일에 끌어들였다는 사실을 도무지 인정하기 싫었고 청소하시는 내내 마음이 불편했다. 드디어 청소를 다 끝내신 예수님은 거기에 새 페인트를 칠하셨다.

내 마음의 주인

이 집을 예수님께 전부 맡겨야겠다는 생각이 불현듯 내게 떠올랐다. "주님, 제 비밀창고를 청소해 주신 것처럼 이 집을 전부 도맡아서 운영하실 의향은 없으신가요? 제가 인생을 잘 살아갈 수 있도록 저를 맡아주세요." 그분은 얼굴을 들면서 이렇게 대답하셨다. "얼마든지 그렇게 하마. 나는 네가 삶의 모든 영역을 내게 맡기고 늘 풍성한 삶을 살기를 원했단다." 그분은 말을 이어가셨다. "그렇게 하려면 내가 네 집의 소유권을 가져야 한단다. 그것을 양도할 수 있겠니?"

나는 무릎을 꿇으며 이렇게 말씀드렸다. "주님, 저는 지금까지 주님을 손님으로 대하고 제가 주인인 것처럼 행동해왔어요. 이제부터 제가 주님의 종이 되겠습니다. 이 집을 주님이 보시기에 가장 합당한 곳으로 만들어 주세요. 저는 주님을 신뢰합니다." 나는 내 귀중품 상자를 가져와서 내 모든 부동산과 유가증권 목록을 꺼내 서명을 하고 모두 주님께 넘겨 드렸다. "여기 있습니다. 저 자신과 저의 모든 소유물을 영원히 주님께 양도합니다. 이제 주님이 다스려 주십시오. 제 삶의 주인은 예수님이십니다."

이 글은 스티브 베이커(Steve Baker)가 정상적인 절차에 따라 허락을 받고 로버트 멍어(Robert Munger)의 「내 마음, 그리스도의 집」(My Heart, Christ's Home)을 번역하여 수록한 것이다.

BIBLE

05

확신 가운데 행하라

(요한일서 5:9~13)

그리스도인의 확신의 근거는 하나님과 하나님의 말씀이다.
이 과에서는 말씀을 통해 영생을 확신하는 그리스도인은
변화된 삶을 산다는 것을 배우게 된다.

도입 | 구원을 확신하는 사람과 구원의 확신이 없는 사람의 삶은 어떻게 다르까?

확신의 근거

1. 하나님께서 예수님에 대해 무엇이라고 증언하시며 그 증언을 통해 우리가 알 수 있는 것은 무엇인가? (9~11절)

2. 당신은 영생에 대해 어떻게 설명하겠는가? (참고 요 17:3)

3. 우리 안에 영생이 있는 것을 어떻게 확신할 수 있는가? (11~13절, 참고 요 5:24)

4. 자신 안에 영생이 있는데 확신하지 못하는 사람들이 있다. 그 이유는 무엇이라고 생각하는가?

확신하는 그리스도인의 삶

5. 하나님의 생명을 가진 자는 하나님의 성품을 닮아간다. 다음 구절에서 발견할 수 있는 하나님의 성품은 무엇이며 이와 관련하여 영생을 소유한 사람은 어떠한 삶을 사는가?

(1) 요일 2:29; 3:7

(2) 요일 4:7~8, 11

6. 하나님을 믿는 것과 의로운 삶을 살고 형제를 사랑하는 것이 서로 어떻게 연결된다고 생각하는가?

적용 | 우리가 예수님을 믿을 때에 영생을 선물로 받고, 우리의 믿음이 자라가면서 의로운 삶을 살게 되고 이웃을 더욱 사랑하게 된다. 이 과에서 당신이 적용할 부분이 있다면 구체적으로 나누어 보자.

결론 | 예수 그리스도를 믿을 때 우리는 영생을 선물로 받는다. 우리는 하나님의 말씀의 신실성에 근거하여 우리 안에 있는 영생을 확신할 수 있다. 영생을 소유한 자는 의로운 삶을 살고 형제를 사랑하게 된다.

Movements Everywhere

#5_복음 전하기

#간증하기
#사영리(P4U, 샌드아트 사영리) 전하기

Article

05

신앙의 진짜와 가짜를 분별하는 시금석

(고린도전서 13:1~13)

김준곤 목사

(1977년 9월 4일 주일 채플 설교 발췌)

이단에는 신학적 이단과 실천적 이단, 두 종류가 있다고 본다. 신학적 이단은 성경의 권위, 예수의 신성, 재림, 부활 등의 기본 교리를 부인하거나 예수 외에 다른 구원이 있다고 주장하는 것이다. 실천적 이단은 죄를 범하는 사람으로, 십계명을 어기고 예수의 명령에 순종하지 않고 사랑이 없고 이기적으로 살고 옛 사람의 행동을 그대로 하는 것을 말한다. 그리스도인은 성자는 아닐지라도 마음속에 사랑의 피가 흐르고 예수와 이웃을 향하여 열린 마음을 가지며 또한 이를 추구해야 한다. 그러므로 전혀 변화 없이 옛 사람의 모습을 그대로 가지고 있으면 실천적 이단이 되는 것이다.

베드로는 죄를 지었지만 우발적이었고 곧바로 회개했다. 그러나 가룟 유다는 계획적으로 죄를 지었고, 말로만 인도주의적이고 박애적이었다. 가룟 유다의 말은 올바를 수 있으나 그의 신학과 실천은 전부 이단이었다. 바리새인들은 신학적으로 정통적인 사람들이고 이단을 잡는 검사 역을 했지만 사랑이 전혀 없는 사람들이었다. 그런 점에서 그들은 실천적인 이단인 것이다. 중세 기독교인들은 교리적으로 잘못 말하는 사람들을 화형에 처할 만큼 신학적으로 정통을 고수했다. 그러나 그들 역시 사람을 죽일 정도로 사랑이 없는 미움의 실천자였으므로 실천적 이단이라고 할 수 있다.

고린도 교회에도 가짜와 진짜가 있었고 그것으로 인해 여러 가지 문제가 있었다. 사도 바울은 고린도전서 13장에서 가장 중요한 가치가 무엇인지 말하기 위해 당시 교회가 중요시하고 흠모했던 가치들을 열거했다.

첫째는 방언이다. 사도행전을 보면 오순절 때 120명이 다락방에서 기도하다가 급하고 강한 바람 소리와 불의 혀처럼 갈라지는 것을 보고 방언을 하게 되었다(행 2:1~4). 이는 성령이 충만하게 임하셨다는 것의 증거였다. 그래서 초대 교회에는 방언을 특별한 신앙의 은사로 여겨 누구나 흠모했고, 방언을 하는 사람은 엘리트 중의 엘리트로 인정을 받았다. 그런데 방언을 하는 사람들 중에서도 사랑이 없는 경우가 있었다. 그래서 사도 바울은 '방언은 최고의 것이 아니다. 방언은 그칠 수 있지만 영원히 그치지 않는 더 큰 은사인 사랑을 사모하라'라고 했다(고전 12:31, 13:8). 당시의 사람들은 방언만 하면 그 신앙이 진짜인 줄 알았지만 사도 바울은 방언이 신앙의 척도일 수 없다고 말한다.

둘째는 예언이다. 예언은 하나님의 말씀을 설교하는 것과 같다. 오늘날로 말하자면 빌리 그래함은 최고의 예언자이다. 그는 수백만의 성도들과 수천만의 텔레비전 청중들에게 매주 설교하고, 그의 메시지가 온 세계에 전달될 만큼 그는 위대한 예언자이고 설교자이다. 사도 바울은 어떤 사람이 빌리 그래함과 같은 설교의 능력을 가지고 있을지라도 그것이 신앙의 진짜 척도는 될 수 없다고 말한다.

셋째는 모든 것을 통달하는 지식이다. 이 지식은 신학적 지식을 포함하는데 오늘날로 말하면 해박한 신학박사, 저명한 기독교 학자들을 말한다. 아무리 훌륭한 신학적 지식을 가졌다 해도 그것이 진짜 신앙인이라는 증거는 될 수 없다. 한국 사람들은 신학을 공부한다고 하면 무조건 하나님을 최고로 섬기는 사람으로 생각하는 경향이 있다. 한때 미국의 한 신학교에서 한국 학생들에게 장학금을 주지 않기로 한 적이 있었다. 그 이유는 한국 신학생들이 고국에 돌아가서 이름도 빛도 없는 전도자가 되려는 생각을 하지 않고, 미국에 남기 위해 공부보다 일을 해서 돈을 버는 일에 집중하거나 영주권을 얻기 위해서 교회를 만들었는데 그 안에서 싸움을 하는 것을 보고 그들의 신학이 신앙과 아무런 관계가 없다는 결론을 내린 것이다. 경건한 지식이 경건한 신앙을 보장해주지 않는다. 지식은 최고의 것이 아니며 임시적인 것이다. 우리는 세상을 떠날 때 이것을 모두 허물과 같이 내버리게 된다. 지식이라는 것은 본질적인 것이 아니다.

넷째로 산을 옮길 만한 믿음이다. 산을 옮길 만한 믿음은 최고의 믿음이다. 이것은 순교적인 신앙이라고 말할 수 있다. 그러나 이것도 사랑이 없으면 아무것도 아니다.

다섯째로 자선이다. 자기의 모든 것을 팔아서 구제할지라도 사랑이 없으면 아무것도 아니다. 구제와 자선의 깊은 동기는 하나님만이 알고 계신다. 그 많은 자선 사업가, 구제하는 사람 가운데는 가짜도 많이 있을 것이다. 그러므로 자선가라고 다 진짜 신앙인은 아니다.

여섯째는 순교이다. 이것도 하나님만이 알 수 있는 것이다. 사랑이 없으면 몸을 불사르는 데 내어주고 선교사가 되고 순교를 할지라도 아무것도 아니라고 말한다.

사도 바울은 이 모든 것보다 가장 귀한 것은 사랑이라고 말한다. 바울이 말하는 사랑은 십자가에 나타난 예수님의 사랑이다. 예수님의 사랑을 아가페라고 하는데 이것은 정(情)과는 다르다. 어머니가 아들을 사랑하는 것과는 달리 원수를 사랑하고, 미운 사람을 사랑하고, 조건 없이 사랑하고, 절대적으로 사랑하고, 상대방의 의도가 어떠하든지, 상대방의 행동이 어떠하든지 간에 절대적으로 사랑하는 것이 예수님의 사랑이다. 이것은 하나님이 예수님을 통해서 우리를 사랑하시는 바로 그 사랑이다. 우리는 이것을 가져야 한다. 따라서 신앙의 진짜와 가짜를 분별하는 시금석은 다음과 같다고 할 수 있다.

첫째 시금석은 예수 그리스도를 향한 사랑이다.

내 신앙이 진짜냐 가짜냐를 진단해 보려면 예수를 믿을 때부터 예수님을 향해서 가슴이 뜨거운가를 보면 된다. 연애할 때보다 더 뜨거운 예수님을 향한 열정, 흠모, 또 경건이 있어야 한다.

베드로나 바울은 주님을 생각할 때 미친 사람처럼, 술 취한 사람처럼 자기의 생명이나 부모나 재산보다 주님을 더욱 사랑했다. 초대 교인들도 주님을 너무나 사랑했기 때문에 예수님을 부인하지 못하고 사자의 밥이 되거나 십자가에 달리거나 화형에 처해진 사람들이 많이 있었다. 폴리캅(Polycap, A.D. 69~155)은 나이가 팔순이 넘어 불구덩이 속으로 들어가게 되었다. 많은 사람들이 예수님을 부인하는 한 마디만 하면 산다고 했지만 폴리캅은 '나의 80년 생애에 예수님이 나를 사랑하지 않은 때가 한 번도 없었는데 내가 어찌 주님을 부인할 수 있겠느냐'고 하며 순교했다. 초대 교회의 순교자들은 예수님을 향한 뜨거운 사랑을 가지고 있었다.

영국의 한 시골 노인이 생애 처음 런던 관광을 왔다. 그는 그림에 조예가 있어서 유명한 화실에 들러 이 그림 저 그림을 구경하다가 신앙이 독실한 대화백이 필생의 걸작으로 그린 예수님의 상을 보고 그 앞에서 발길을 멈췄다. 감격스러운 마음으로 한참 그림을 쳐다보다가 노인의 두 눈에서 눈물이 흘렀다. 그는 고개를 숙인 채 신앙을 고백했다. "오! 주여, 나는 당신을 사랑합니다." 혼자 중얼거리는 것을 들은 관람객 중의 한 부인이 그 노인에게 가서 손목을 꽉 잡으며 "나도 주님을 사랑합니다."라고 말했다. 그러자 또 한 학

생이 이 장면을 보고 "할아버지, 저도 주님을 사랑합니다."라고 고백했다. 주님의 이름 아래서 그들은 서로 통했고 사랑을 고백했다. 삽시간에 칠팔 명의 사람들이 그 앞에 모여 예배를 드리는 것 같은 분위기를 만들었다. 우리 기독교인들에게는 주님을 향한 뜨거운 사랑이 예수를 믿는 순간부터 항상 있어야 한다.

우리는 옛 충신들이 임금에게 바쳤던 사랑보다 더 충성스럽고, 로미오와 줄리엣의 사랑보다 더 순수하게 주님을 사랑해야 한다. 우리나라는 원래 춘향이의 나라이고, 심청이의 나라이고, 생육신, 사육신의 나라이다. 충신, 열녀, 효자가 많이 나오는 나라였다. 그러나 현재는 이기적이고 의리도 사라지고 간사해졌다. 이제 우리는 옛 충신들의 충성을 되살려 주님을 향한 충성과 사랑을 가져야 한다.

어떤 미국 사람이 결혼한 지 얼마 안 되어 혼자 아시아 여행을 떠났는데, 한 달 동안에 전화 요금이 무려 320불이나 나왔다. 그렇게 전화 요금이 많이 나오게 된 이유는 그가 부인에게 하루에 두세 번씩 사랑한다는 말 한 마디를 하기 위해 전화를 걸었기 때문이라고 한다. "예수님, 주님을 사랑합니다." 이 말은 아무리 해도 돈이 들지 않고, 또 할수록 사랑하는 마음이 생기게 된다. 이것은 입술의 제사이다. 말로만 하고 속으로 사랑하지 않으면 가짜이다. 우리는 마음을 다해 사랑을 고백해서 주님을 사랑하는 마음을 항상 키워가야 한다. 주님을 사랑하는 마음이 없어지면 기독교인이라고 할 수 없다.

둘째 시금석은 형제를 사랑하는 것이다.

예수님을 사랑하면 형제를 사랑하지 않을 수 없다. 우리는 예수를 믿음으로 영생을 얻었고 하나님의 자녀가 되었으며 의롭다함을 받았다. 이것은 틀림없는 사실이며 중요한 사실이다. 그러나 이것은 하나의 시작이다. 생명이 태어난 것이다. 아기가 어머니 뱃속에서 나왔지만 돌보지 않는다면 아이는 곧 죽게 될 것이다. 우리가 예수를 믿고 영원한 생명을 얻었다면 그것을 키워야 한다.

사도 요한은 사망에서 생명으로 옮겼다는 말을 두 번 썼는데, 첫 번째는 요한복음 5:24이다. "내가 진실로 진실로 너희에게 이르노니 내 말을 듣고 또 나 보내신 이를 믿는 자는 영생을 얻었고 심판에 이르지 아니하나니 사망에서 생명으로 옮겼느니라." 두 번째는 요한일서 3: 14이다. "우리는 형제를 사랑함으로 사망에서 옮겨 생명으로 들어간 줄을 알거니와 사랑하지 아니하는 자는 사망에 머물러 있느니라." 이 말은 형제를 사랑함으로 사망에서 옮겨 생명으로 들어가고 사랑하지 않는 자는 어둠 속에 거한다는 말이다. 요한일서 2:9~11은 형제를 사랑하는 자는 빛 가운데 거하는 자이고, 형제를 미워하는 자는 어두운 데 거하는 자라고 한다. 요한일서 3:10은 형제를 사랑하지 않거나 죄를 범하는 자는 마귀에 속하고, 형제를 사랑하는 자는 하나님께 속하게 된다고 말한다. 또 요한일서 3:15은 그 형제를 미워하는 자마다 살인하는 자라고 한다. 여기서 미워한다는 것은 우발적으로 미워하거나 화를 내는 것을 말하는 것이 아니라, 미워함이 마음에 뿌리를 박고 계속적으로 미워하는 것을 말한다. 아무리 신앙이 좋은 사람도 화가 날 때 욕을 할 수도 있다. 그렇지만 화가 마음에 뿌리를 박고, 정착을 하게 되었을 때 살인을 하게 되는 것이다. 그래서 어둠과 빛, 죽음과 생명, 하나님과 마귀, 하나님의 자녀와 마귀의 자녀, 참 믿음과 가짜 믿음, 죽었느냐 살았느냐 하는 것은 형제를 사랑하느냐 사랑하지 않느냐로 알 수 있는 것이다.

우리는 특별히 믿는 형제를 사랑해야 한다. 신앙이 살아있다는 증거는 형제를 사랑하려고 노력하는 것이다. 우리 중의 어떤 사람도 이 부분에서 당당하지 못한다. 이 점에 있어서는 겸허해지고 마음에 회개가 생긴다. 성경에 예수께서 왜 믿음이 없느냐고 할 때 '주여, 믿고자 하나이다. 주여, 믿음 없는 것을 도와주옵소서.'라고 했다(막 9:24). 이와 마찬가지로 '주여, 사랑이 없습니다. 사랑이 없는 것을 도와주십시오.'라고 하는 마음의 상태가 되어야 한다. 사랑의 씨가 마음에 깃들어 사랑의 혈족이 되는 것이다. 겨자씨 한 알만한 사랑의 씨, 생명의 씨가 성령으로 말미암아 심겨진다. 우리의 힘으로는 사랑하지 못한다. 어느 누구도 '나에게 아가페가 있다'고 말할 수 없다. 사람은 근본적으로 이기적이다. 그러나 우리 안에 있는 성령이 사랑할 수 있게 하신다. 우리는 믿음과 성령과 기도와 순종으로 사랑을 배우게 되고 선물로 얻게 된다. 그래서 우리가 형제를 사랑하지 못할 때는 '주여, 사랑 없는 것을 도와주옵소서.'라고 회개하면서 사랑을 믿고 다시 사랑으로 돌아와야 한다. 특히 마음속에 미움이 생길 때에는 '마귀가 들어왔구나, 죽음이 들어왔구나.'라고 생각하고 이것을 몰아내야 한다. 이것은 정말 중요한 일이다. 예수를 믿기로 작정하고 열심히 전도만 해서는 안 된다. '진짜'는 사랑을 본성적으로 가져서 예수님을 사랑하고 형제를 사랑해야 한다. 우리가 남을 용서하지 못할 때는 하나님의 용서도 받아들이지 못한다. 주님께는 별로 나쁜 짓을 안 했을지라도 내 형제와의 관계가 말로든지 생각으로든지 행동으로든지 이상해졌을 때는 주님과의 관계에도 이상이 생긴다. 형제 사랑을 통해서 내 신앙을 키워나가야 한다. 사랑이 가짜면 신앙도 가짜고, 사랑이 죽으면 신앙도 죽는다. 아무리 열심히 전도하고 봉사해도 그것은 가짜다. 신앙은 교회에 다니고 기도하고 전도하고 성경 보는 것만이 아니다. 우리는 자신이 진짜냐 가짜냐, 생명이 있느냐 없느냐, 성령이 있느냐 없느냐, 영생이 있느냐 없느냐, 빛이냐 어둠이냐, 하나님의 자식이냐 악마의 자식이냐를 거듭난 이후에도 부지런히 살펴 보아야 한다.

셋째 시금석은 고린도전서 13장에서 말하는 사랑의 열매이다.

여기에 나오는 사랑의 특성은 15가지인데 외워 두는 것이 좋다. 우리는 날마다 거울에 자신을 비추어 보듯이 이 15가지에 우리의 삶을 비추어 보아서 하나님 앞에서 고칠 것은 고치고, 회개할 것은 회개해야 한다.

넷째 시금석은 나를 사랑하는 것이다.

'네 이웃을 네 몸과 같이 사랑하라'는 말에는 나를 사랑하라는 말이 포함되어 있다. 이기주의(利己主義)와 애기주의(愛己主義)는 전혀 다르다. 모든 사람은 이기주의이지만, 우리는 애기주의이어야 한다. 애기주의란 자기를 사랑하는 주의를 말한다. 우리들은 예수를 알고 나서야 비로소 자기 자신과 화해하게 된다. 예수를 알기 전의 모든 사람은 자기 자신을 비난한다. 자신의 가장 큰 원수가 자기 자신이다. 양심에 가책, 불안, 죄책, 적개심, 소외감, 허무 의식이 있다. '나는 나를 용서할 수 없다, 나는 나를 싫어한다, 나를 견딜 수 없다, 술이라도 먹어서 나를 죽여 버리겠다.'라고 자학한다. 그래서 사나워지고 우울해 진다. 이것은 정신의 문제가 아니고 영의 문제이다. 예수를 믿은 후에야 비로소 자기를 긍정하고 수용하고 자기를 사랑하게 된다.

자기와 화해하지 않고 자기를 미워하고, 고침을 받지 못한 채로 영원으로 들어가는 것이 지옥이다. 자기를 사랑하지 못하는 태도가 영원히 고정화되는 것이 지옥인 것이다. 하나님이 나를 사랑하셨고 예수님이 십자가에서 피 흘려 죽기까지 나를 사랑하셨다는 것을 생각할 때 '나는 우주의 왕자요, 우주의 공주이다. 어느 왕이나 어느 대통령의 아들, 딸이 아니라, 나는 우주의 왕자, 우주의 공주이다. 얼마나 소중한 사람인가? 그러므로 남이 나의 뺨을 때리거나 욕을 해도 괜찮다. 제일 높은 데 올라가서 설 필요도 없다. 나는 어디에 있든지 매우 소중한 사람이다. 예수님이 나를 통해서 당신의 메시지를 전하시는구나. 이 세계를 위해서 내가 기도할 수 있는 특권을 가졌구나. 얼마나 소중한가? 얼마나 귀한가?'라고 고백하게 된다. 그래서 자기가 잘못해도 '이놈아! 너는 소망이 없어. 죽어야 해. 더럽고, 창피한 놈. 그런 낯으로 어떻게 살겠어?'라고 자학하지 않는다. 도리어 예수를 모신 사람은 자기를 사랑하기 때문에 '실망하지 말아라. 그럴 수도 있다. 염려하지 마라. 일어나라.' 이렇게 자기를 사랑하고 긍정해 간다. 이것이 변화이다. 고린도전서 13장의 말씀에는 자기를 향해서 성내지 말고, 자기를 향해서 무례히 행치 말라는 말도 포함되어 있다. 자신을 사랑할 때 다른 사람도 사랑할 수 있다.

높은 자기를 위해서 낮은 자기를 버리고, 영원한 자기를 위해서 임시적인 자기를 버리자. 높이 사랑하는 것이 영원히 사랑하는 것이고 크게 사랑하는 것이다.

김준곤. 『산 예수 산 신앙』. 김준곤 문설집 3권 (서울: 순출판사, 1984), 200-11.

로마서 개관

배경

로마서는 바울이 3차 전도여행을 마치고 예루살렘으로 돌아오던 중 마지막 방문지인 고린도에서 로마에 있는 성도들에게 보낸 편지이다(A.D. 57년, 행 20:2~3; 롬 15:19).

당시 로마는 대제국의 수도로 외교와 무역의 중심지였으며 여러 나라의 다양한 민족들이 살고 있는 거대하고 부요한 도시였다. 로마에서는 전쟁 포로나 상업을 위해 그곳에 머물게 된 유대인과 이방인 중 그리스도를 믿게 된 성도들이 자체적으로 교회를 이루어 신앙생활을 하고 있었다.

로마제국의 여러 도시를 다니며 복음을 전하던 바울은 여러 번 로마 교회를 방문하기 원했다. 이 편지를 쓸 당시에도 예루살렘의 가난한 성도들을 위해 모금한 후원금을 먼저 전달하고 로마로 가려고 계획하고 있었다(롬 15:22~29). 바울은 로마 교회를 방문하기 전 자신의 방문 계획을 알리며 로마서를 기록하고 있다.

기록 목적

사도 바울이 로마서를 기록한 목적은 크게 두 가지로 볼 수 있다. 먼저 바울은 로마 교회에 자신이 전한 복음이 무엇인지 설명할 필요가 있었다. 바울은 행함이 아니라 믿음으로 구원을 얻는다는 것을 강조했기 때문에 율법을 무시한다는 오해를 받았다(롬 3:8). 이에 자신이 전한 복음을 자세히 설명함으로 그와 같은 소문이 사실이 아니라는 것을 밝히려고 했다. 두 번째로 바울은 로마에

있는 그리스도인들이 복음 선포의 전진기지가 되어 서바나(현 스페인) 선교의 힘이 되어 주기를 원했다(롬 15:22~24).

핵심 주제

로마서의 중심 주제는 '이신칭의'(믿음으로 의롭게 된다)의 복음과 그에 합당한 삶이다. 즉 예수 그리스도의 십자가와 부활을 통하여 유대인이나 이방인이나 차별 없이 오직 믿음으로 구원받아 하나님의 백성이 된다. 그러므로 구원받은 성도들은 세상을 본받지 말고 하나님의 뜻을 따라 살아야 한다.

구조

I. 편지의 서두(1:1~17)
II. 복음과 믿음에 의한 하나님의 의(1:18~4:25)
III. 복음과 하나님의 구원의 능력(5:1~8:39)
IV. 복음과 이스라엘(9:1~11:36)
V. 복음과 삶의 변화(12:1~15:13)
VI. 편지의 끝맺음(15:14~16:27)

(더글라스 무, 『로마서의 신학적 강해』, 74~77)

06

성령을 따라 행하라

(로마서 7:18~8:8)

그리스도 안에 있는 자에게는 정죄함이 없다.
그러나 실제 삶에서는 끊임없이 죄와 싸우면서
갈등과 좌절을 경험한다.
이 과에서는 그리스도인이 이를 극복하기 위해 성령을 따라
살아야 함을 배우게 된다.

도입 | 당신은 하나님의 말씀대로 살아가려고 했지만 그렇게 되지 않아 절망한 적이 있는가?

죄의 완전한 해결자

1. 바울은 내면의 극심한 갈등으로 스스로 비참한 존재라고 탄식하고 있다. 바울이 겪고 있는 갈등은 무엇인가? (7:18~24)

2. 바울은 이 갈등에서 어떻게 벗어났을까? (7:25; 8:1~2)

3. '예수 안에 있는 자에게 정죄함이 없다'는 것은 무슨 뜻이라고 생각하는가? (8:1~2)

성령을 따르는 삶

4. 그리스도 안에서 의롭게 여김을 받은 사람은 어떻게 살아가야 하는가? (8:3~4, 참고 8:12~13)

5. 성령을 따르는 삶은 육신을 따르는 삶과 어떻게 다른가? (8:5~8, 참고 갈 5:19~23)

6. 모든 그리스도인들 안에 성령이 거하시지만 그들이 자동으로 성령 충만한 삶을 살게 되는 것은 아니다. 그렇다면 어떻게 해야 성령을 따르는 삶을 살 수 있을까?

적용 | 당신의 삶에서 성령을 따라 행함으로 변화되고 싶은 영역은 무엇인가? 아래 표에 체크하고 이야기를 나눠보라.

분노		이기심	
거짓말		시기, 질투	
게으름		말 다툼	
편 가르기, 분열		술 취함, 방탕	
성적인 부도덕		욕심	
비난, 판단		미움	
부정적인 말		기타	

결론 | 그리스도인은 하나님께 의롭다고 칭함을 받았지만 육신의 몸을 입고 있는 동안 끊임없는 죄와의 싸움이 있다. 우리 자신의 힘으로는 이 싸움에서 승리할 수 없다. 그러나 순간순간 성령을 따라 살아간다면 성령의 능력으로 하나님이 원하시는 삶을 살게 된다.

Movements Everywhere

#6_모임에 초대하기

#순모임, 캠퍼스 모임에 초대하기
#사랑방에서 함께 밥 먹기

Article

06

믿음으로 성령 충만

(에베소서 5:18; 요한일서 5:14~15)

김준곤 목사

(1980년 3월 1일 구국 비상 회개 금식 기도회,
1977년 10월 23일 주일 채플 설교 발췌)

사람이 과식을 하면 소화 불량에 걸리고 부작용이 생기듯 영적으로도 받은 은혜를 잘 정리하여 소화하지 않으면 은혜를 지속해 나갈 수 없다. 우리가 은혜를 받고 감동과 흥분의 도취된 분위기 속에 있을 때 정말 성령 충만을 받은 것인지를 확인해야 한다. 은혜의 기준을 감정과 흥분에 두고 성령 충만을 받았다고 생각하게 되면 감정적인 자극만을 더 구하게 된다. 음식을 맵게 먹는 사람이 점점 더 맵게 먹는 것처럼 어떻게 하면 은혜를 더 많이 받고 더 도취되고, 어떻게 하면 이적이 나타나고 환상을 보고 꿈을 꾸는가에 의존하는 신앙은 온전하게 성숙할 수 없다. 그러므로 은혜의 기준을 어디에 두어야 하는가, 성령 충만의 기준을 어디에 두어야 하는가는 중요한 문제이다.

그리스도인이 구원의 확신을 갖고 과거와 현재와 미래의 모든 죄가 십자가에서 완전히 제거되었다는 것을 아는 것은 중요하다. 예수 믿는 사람은 하나님의 자녀가 되었고 정죄함이 없다. 앞으로 지을 죄에 대해서도 정죄함이 없다. 그만큼 십자가의 속죄는 절대적인 것이다. 십자가는 죄를 용서받았다는 증거요, 하나님의 자녀가 된 절대 증거이다. 그러나 그리스도인이 된 후 구원은 절대 보장되었으니 고백할 죄라고는 티끌만큼도 없다고 하는 사람이 있는가? 성자일수록 죄의식이 더 깊다. 사도 바울은 '나는 죄인 중의 괴수'라고 했고 요한도 죄 없다고 하는 것은 거짓말이라고 했다.

우리는 성화되어간다. 그러나 우리의 성화는 완전하지 않고 불완전하다. 사도 바울은 로마서 8장에서 죄와 사망의 법에서 생명의 성령의 법이 우리를 해방했다고 말한다. 이 말씀은 지금까지 죄의 진노 아래 있었고 아담권 내에, 죽음권 내에 있었던 사람이 하나님권 내로, 생명권 내로, 성령권 내로 옮겨졌다는 뜻이다. 그렇다고 해서 '구원 받았기 때문에 절대로 죄를 짓지 않는다. 죄 지을 생각도 없다.'라고 하는 것은 거짓말이다.

우리가 구원의 확신을 가진 후 성령 충만의 확신이 없으면 진정한 그리스도인의 생활을 할 수 없다. 죄의 유혹을 이길 수 없으며 기쁨도 없고 전도와 기도의 열매도 없다. 은혜 받은 감동이 있다고 해서 성령 충만을 받았다고 할 수는 없다.

속리산에서 한 달 동안 지낸 적이 있었다. 몇 가지 목적이 있었는데 그 중 하나는 유명한 도승을 만나는 것이었다. 그 도승은 15년 동안이나 생식을 하며 여기저기 옮겨 다니는 분이었다. 나는 그에게 오랫동안 수련을 했으니 도를 깨달았느냐고 물었다. 그는 깜짝 놀라면서 가면 갈수록 더 답답해지고 어두워질 뿐이지 도를 깨닫지 못했다고 했다. 이것이 불교의 사물의 이치를 깨달아 통달함의 개념이다. 이와 비슷한 개념이 기독교 안에도 있다. 성령 충만을 받는 것이다. 그런데 그리스도인들이 종종 성령 충만 받는 것을 도를 통할 만큼 특수한 사람에게만 주어지는 것으로 생각한다. 그러나 특수한 사람만이 특수한 방법을 통해 특수한 현상으로 성령 충만을 받는다는 것은 기독교에서 없어져야할 생각이다. 하나님께서는 예수님을 영접한 사람은 누구든지 성령 충만을 받게 하셨다. 모든 사람이 예수님을 영접한 그 자리에서도, 도를 닦지 않아도, 자기 문제가 해결되기 전에도 성령 충만을 받는 것이 하나님의 뜻이고 하나님의 명령이다. 성령 충만은 아주 보편적이고 쉬운 것이다. 기독교와 불교의 다른 점이 바로 이것이다. 자기가 노력한다고 해서 성령 충만을 받을 수 있는 것이 아니다.

한 학생이 어떤 모임에서 예수님을 영접하고 매우 기뻤다. 그 학생은 미처 성령 충만 받는 방법을 배우지 못한채 집으로 돌아오게 되었다. 그래서 그는 교회의 장로님을 찾아가 예수님을 믿고 너무 기쁘니 성령 충만을 받는 방법도 가르쳐 달라고 했다. 그 말은 들은 장로님은 자신은 40년을 믿어도 성령 충만은 커녕 점점 더 죄를 이길 수 없어 답답한데 방금 예수님을 믿은 사람이 성령 충만을 받고 싶다고 하니 당황스러웠다. 오랫동안 신앙생활을 했다고 해서 성령 충만한 것은 아니다. 또한 예수님을 믿고 나서 바로 성령 충만을 구하는 것이 잘못된 것은 더더욱 아니다. 예수님을 영접하고 구원을 확신할 수 있듯이 그리스도인이라면 누구든지 성령 충만을 구하고 성령 충만을 확신할 수 있다.

성령 충만을 받으려면 성령에 대해서 알아야 한다.

성령은 왜 오셨는가? 성령은 우리를 예수님께로 인도하고, 믿게하고, 닮게 하기 위해 오셨다. 또한 성령은 우리가 예수님의 열매를 맺음으로 예수님을 영화롭게 하기 위해서 오셨다. 예수님의 열매를 맺게 하시기 위해서 오셨다. 성령이 하시는 일은 전부 예수 그리스도의 일이다. 성령은 자신을 주장하지 않는다. 성령의 목적은 예수님을 위해 열매 맺는 것이다. 예수님을 알게 하고 예수님의 교훈을 생각나게 하는 것이다. 우리가 성령의 가치, 성령 충만의 가치가 얼마나 중요한가를 알게 되면 모든 것을 회개하고 성령 충만 받을 때까지는 먹지도 자지도 않겠다고 할 것이다.

한 서양 사람이 아프리카 원주민에게 낚싯대 2개를 주고 검은 돌멩이 하나를 샀다. 그 돌멩이는 2백만 달러 상당의 보석이었다. 아프리카 사람이 돌멩이가 2백만 달러짜리 보석이라는 것을 알았다면 낚싯대 2개에 팔았겠는가? 성령 충만을 받으라고 해도 이것을 가볍게 생각하는 경향이 있는데 우리는 그 가치를 알아야 한다.

사람은 세 종류로 나누어 볼 수 있다. 첫째는 자연인이다. 예수님이 마음에 없는 사람이다. 꺼져 버린 라디오와 같은 사람이다. 이 사람은 영적으로 완전히 죽은 사람이다. 둘째는 예수님을 믿지만 예수님이 아니라 자기가 자신의 삶을 지배하는 사람이다. 자기 노력과 자기의 능력으로 사는 이 사람은 결국 로마서 7장에서 바울이 말한 것처럼 '오호라 나는 곤고한 사람이로다' 라고 말하게 될 것이다. 이런 사람을 연기 신자라고 할 수 있다. 연기는 불과 연관이 있지만 연기와 불은 엄연히 다르다. 연기는 불과 달리 음식을 익히거나 무엇을 뜨겁게 하거나 태울 수 없고 눈과 코를 맵게만 한다. 예수님의 능력으로 살지 않는 사람은 죽은 것 같고 차지도 덥지도 않아 아무런 쓸모가 없다. 셋째는 성령 충만한 사람이다. 성령의 지배를 받고 말씀에 순종하며 성령의 열매를 맺는 사람이다.

물론 사람은 올라갔다 내려갔다 하는 때가 있다. 어떤 때는 시험에 실패

하기도 하지만, 실패의 자리에 오래 머물러 있어서는 안된다. 다시 성령 충만을 받아야 한다. 그러나 많은 그리스도인들이 패배자의 생활을 지속한다. 전도해도 열매가 없고 기도해도 능력이 없으며 성령의 아홉 가지 열매와는 아무 관계도 없어 보인다. 오래 참지도 않고 온유하지도 않으며 자비, 충성, 사랑, 기쁨도 없다. 기분이 좋다가도 조금 지나면 답답하고 평안이 없어지는 삶을 반복한다. 이러한 사람도 성령 충만을 받을 수 있다.

하나님은 성령 충만을 받으라고 명령하셨다.

에베소서 5:18의 '성령 충만을 받으라'는 말은 명령형으로 되어 있다. 이것은 절대 명령이다. 예수님을 믿으라는 말이 절대 명령인 것처럼 성령 충만을 받으라는 것도 절대 명령이다. 그 명령에 순종하지 않는 것은 죄이다. 성령 충만은 받으면 좋고 안 받아도 괜찮다고 하거나, 받은 사람은 더 훌륭한 생활을 할 수 있지만 안 받아도 그럭저럭 살 수는 있다고 말하는 것은 예수님을 믿으면 좋지만 안 믿어도 괜찮다고 말하는 것과 똑같다. 하나님은 할 수 없는 것을 하라고 명령하시지 않는다. 하나님이 명령을 하실 때는 그 명령을 실천할 수 있는 능력도 함께 주신다. 하나님은 하나님의 것으로 하나님의 일을 하라고 하시지 인간의 것으로 하나님의 일을 하라고 하시지 않는다. 하나님이 기뻐하시는 그리스도인의 생활은 예수님만이 하실 수 있다. 사람에게는 어려운 것이 아니라 절대로 불가능한 것이다. 그러나 예수님을 통해서는 누구나 할 수 있다. 예수님이 성령을 통해서 우리 안에서 사시는 것이 바로 그리스도인의 생활이다. 사도 바울은 갈라디아서 2:20에서 "내가 그리스도와 함께 십자가에 못 박혔나니 그런즉 이제는 내가 산 것이 아니요 오직 내 안에 그리스도께서 사신 것이라 이제 내가 육체 가운데 사는 것은 나를 사랑하사 나를 위하여 자기 몸을 버리신 하나님의 아들을 믿는 믿음 안에서 사는 것이라"고 했다. 그래서 우리는 예수님의 빛이다. 예수님께서 성령을 통해 우리 안에 사실 때 우리는 예수님을 반사하는 빛이고 예수님의 향기이고 예수님의 대사이다. 나는 '예수 믿는 사람 같다, 예수의 향기가 난다'는 말을 들을 때가 가장 기쁘다. 예수 믿는 사람에게서 예수 향기가 나지 않는 것은 그 안에 예수님이 아니라 자신이 주인이 되어 살기 때문이다. 예수님이 우리 안에서 친히 그분의 삶을 사실 때만이 성령 충만할 수 있고 예수님의 열매를 맺을 수 있다.

성령 충만은 믿음으로 받을 수 있다.

하나님은 성령 충만을 받으라고 명령하셨고 받을 수 있는 능력도 주셨다. 그러나 이것에는 우리의 협력이 필요하다. 바로 믿음이다. 무엇을 믿는 가? 우리의 믿음의 대상은 하나님이고 그 근거는 하나님의 말씀이다. 성경은 살아 계신 하나님의 말씀을 기록한 책이다. 성경 외에는 믿음의 근거가 없다. 다른 것에 근거를 두면 넘어지게 된다. 많은 사람들이 은혜를 받았다고 하다가도 며칠 있으면 원점으로 돌아간다. 믿음으로 성령 충만을 받는다는 것은 아무런 변화가 없고 증거가 없더라도 약속하신 말씀대로 했으면 성령 충만을 받은 것으로 여기는 것이다. 감정에 근거를 두지 말아야 한다. 우리는 믿음으로 성령 충만 받은 것을 확신할 수 있다. 믿음이 없이는 하나님을 기쁘시게 할 수 없다(히 11:6). 감정이나 다른 증거를 구하는 것은 하나님을 슬프게 하고 죄를 짓는 것이다. 갈라디아서 3:14에서는 '그리스도 예수 안에서 아브라함의 복이 이방인에게 미치게 하고 또 우리로 하여금 믿음으로 말미암아 성령의 약속을 받게 하려 함이라'고 했다. 산이 없어지고 한국 땅이 없어지고 천지가 모두 없어져도 성령 충만은 확실한 것이다. 우리는 성경 말씀을 통해 하나님의 존재를 믿고 하나님이 하신 약속을 신뢰할 수 있다. 절대로 변하지 않는 말씀 위에 믿음을 세우고 성령 충만을 받고 확신 할 수 있다.

성령 충만 받았다고 완전한 것은 아니다.

성령 충만 받은 사람이 완전한 사람이라고 생각하지 말라. 어떤 사람은 빨리 성화되고 어떤 사람은 더디게 성화가 이루어지기도 한다. 그러나 낙심해서는 안 된다. 주님은 우리를 다 아신다. 우리에게는 죄의 본성이 남아 있기 때문에 말로나 행동으로나 하루에 열 번도 더 넘어진다. 그러나 우리가 기억해야 할 것은 예수님께서는 몇 번이고 용서해 주신다는 것이다. 이것은 죄를 방관하라는 말이 아니다. 하나님의 자녀가 죄를 지으면 사랑하는 하나님 아버지를 슬프게 했기 때문에 마음이 아파 견딜 수가 없다. 벌을 받기 때문에 회개하라는 것이 아니다. 하나님 아버지를 슬프게 했기 때문에, 성령을 노엽게 했기 때문에, 예수님을 다시 십자가에 못 박는 것이기 때문에, 사단에게 속았기 때문에 회개하는 것이다.

성령이 내주하는 것과 성령 충만을 받는 것은 어떻게 다른가?

우리가 예수님을 영접할 때 예수 그리스도의 영이신 성령이 우리 안에 내주하시게 된다. 모든 그리스도인 안에 성령이 내주하신다. 한 번 그리스도인 안에 들어오신 성령은 절대로 떠나지 않으신다. 그러나 성령이 우리 안에 계신다고 해서 저절로 성령 충만을 받는 것은 아니다. 우리는 순간순간 의지적으로 인격이신 성령께 우리의 삶을 다스려주시도록 요청할 때 성령 충만을 받게 된다. 성령 충만의 결과는 감정에서 나타나는 것이 아니라 삶의 열매에서 나타난다. 열매에는 내적인 것과 외적인 것이 있는데 외적 열매는 전도의 열매이다. 갈라디아서 5:22에는 내적 열매가 나타나는데 그것은 전부 사랑의 열매다. 예수님을 믿어도 성령 충만하지 않으면 이런 열매를 맺을 수 없다.

인간은 두 개의 세력권 아래에 있다. 로마서 7장에서 말하는 죄와 사망의 세력권과 생명의 성령의 세력권으로 이 두 개의 법칙은 인간이 어찌할 수가 없다. 마치 만물이 만유인력에서 벗어날 수 없는 것처럼 아담의 후예들은 죄와 사망의 법에서 벗어날 수가 없다. 그런데 예수님의 성령의 법이 나를 죄와 사망에서 해방시킬 수 있다. 성령이 없는 사람은 하나님의 법에 순종할 수 없고 순종하지도 않고 하나님과 원수가 된다. 그러나 우리가 그리스도 안에 있으면 생명의 성령의 법이 죄와 사망의 법에서 우리를 해방한다. 예수님의 성령은 예수 그리스도를 믿는 사람에게 오셔서 죄를 이기게 하신다. 그리고 한 걸음 한 걸음 거룩하게 주님을 닮아가게 하신다. 이것은 우리가 하는 것이 아니다. 우리 안의 성령께서 우리를 성화시키시는 것이다. 우리는 이 자리에서 성령 충만을 받았다는 확신을 가질 수 있어야 한다.

성령은 배에서 생수의 강이 흘러나는 것과 같다. 하나님이 인간에게 주시는 최고의 선물은 성령일 것이다. 하나님의 최대의 소원은 각 사람이 지속적으로 성령의 충만함을 받는 것이다. 그 성령은 예수님의 영광을 위해서 또 예수님은 하나님의 영광을 위해서 각 사람이 성령의 충만함을 받기를 원하신다. 성령 충만이 곧 사랑이며 능력이고 거룩한 생활이다. 성령 충만하지 않으면 우리는 죄 가운데 살 수밖에는 없다. 성령 충만하면 인생의 모든 문제가 해결된다. 우리가 영원히 모시고 살아야 할 분은 성령이시다. 성령을 사모하자. 목마른 사슴이 시냇물을 사모하는 것처럼 성령을 사모하자.

김준곤. 『기도 최우선 전략』. 김준곤 문설집 5권 (서울: 순출판사, 1984), 293-303.;
『부활 신앙과 성령과 민족』. 김준곤 문설집 4권, 275-86.